『十一五』國家重點出版規劃項目

主編　陳智超

陳垣全集

CHENYUAN QUANJI

第三册

四庫書目考異

北京师范大学出版集团
BEIJING NORMAL UNIVERSITY PUBLISHING GROUP
安徽大學出版社

圖書在版編目(CIP)數據

陳垣全集.第 3 册,四庫書目考異/陳垣著.—合肥:
安徽大學出版社,2009.8(2021.3 重印)
ISBN 978-7-81110-388-5

Ⅰ.①陳… Ⅱ.①陳… Ⅲ.①陳垣(1880～1971)—全集
②四庫全書—圖書目録—研究 Ⅳ.①C52 ②Z838

中國版本圖書館 CIP 數據核字(2009)第 155392 號

陳垣全集 第三册

四庫書目考異

陳　垣 著　陳智超 主編

安徽大學出版社出版發行
(合肥市肥西路 3 號 郵編 230039 電話 0551-65107716
網址 www.ahupress.com.cn)
合肥遠東印務有限責任公司印製
責任總編輯 楊應芹　彭君華
本册編輯 張朝勝　封面設計 孟獻輝
開本 880×1230　1/32　印張 13　字數 253 千
2009 年 12 月第 1 版　2021 年 3 月第 3 次印刷
ISBN 978-7-81110-388-5
定價 2480.00 圓(全二十三册)

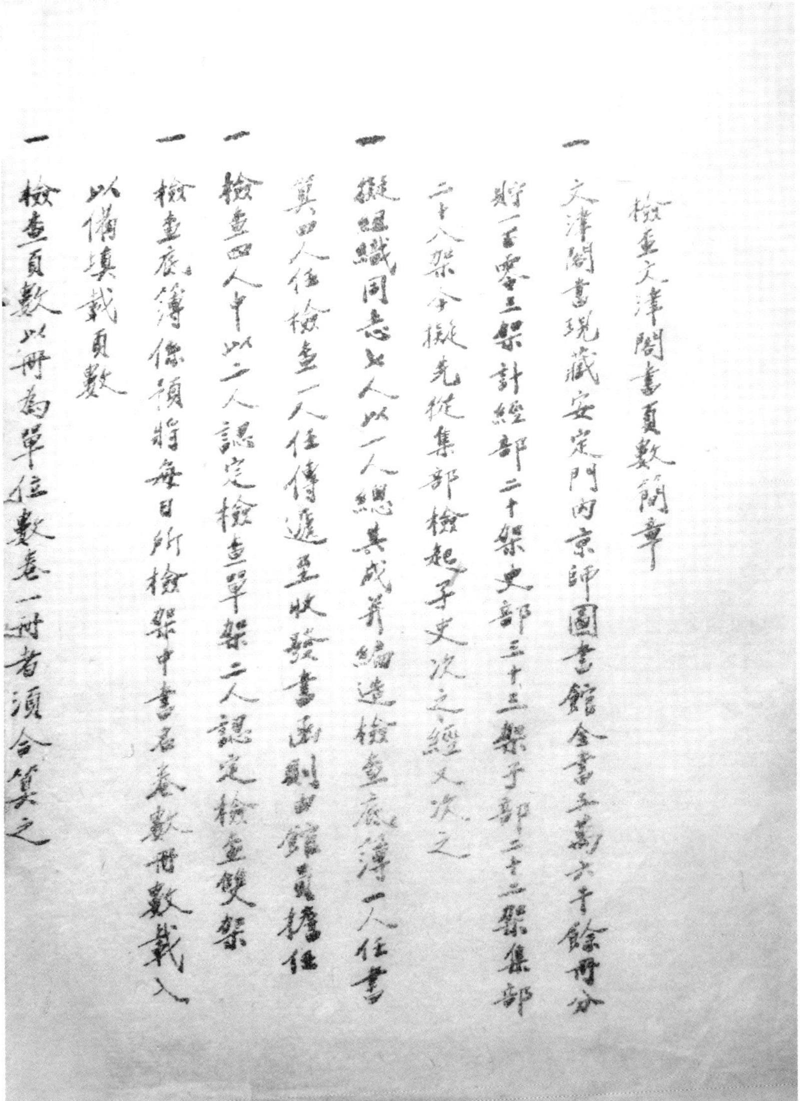

檢查文津閣書頁數簡章

一 文津閣書現藏安定門內京師圖書館全書五萬六千餘冊分貯一百零三架計經部二十架史部三十三架子部二十二架集部二十八架今擬先從集部檢起子史次之經又次之

一 擬組織同志七人以一人總其成并編造檢查底簿一人任書算四人任檢查一人任傳遞並收發書函則由館員擔任

一 檢查四人中以二人認定檢查單架二人認定檢查雙架

一 檢查底簿係預將每日所檢架中書名卷數冊數載入以備填載頁數

一 檢查頁數以冊為單位數卷一冊者須合算之

1920 年手訂檢查文淵閣《四庫全書》冊頁數簡章

1925年攝于故宫摛藻堂

目次

卷二　史部

陳垣全集之八

四庫書目考異

安徽大學出版社

四庫書目考異卷一

書名上加○者，四庫全書薈要所有；加●者，永樂大典本。

經部

易類

		函	册	葉
第一架一層　總目易類一　**子夏易傳十一卷**	舊本題卜子夏撰	一	四	二四八
○周易鄭康成注一卷	漢鄭玄撰　宋王應麟編		一	一三五
鄭氏周易三卷	漢鄭玄撰　清惠棟編		一	一七二

總目、簡目題曰「新本鄭氏周易」。

陸氏易解一卷　吳陸績撰明姚士粦輯　一 一 二九
周易注十卷　魏王弼晉韓康伯撰　四 一六一
○周易注疏十三卷附周易略例一卷　魏王弼晉韓康伯注
唐孔穎達疏　二一二 五九九
總目、簡目題曰「周易正義十卷」。
周易集解十七卷　唐李鼎祚撰　二一〇 五六八
●周易口訣義六卷　唐史徵撰　一 四 二〇二
周易舉正三卷　舊本題唐郭京撰　一 三八
○易數鉤隱圖三卷附遺論九事一卷　宋劉牧撰　一 九五
總目易類二
○周易口義十二卷　宋倪天隱述其師胡瑗說　二一二 七七一
第一架二層
●易說六卷　宋司馬光撰　一 二 一八三
總目、簡目題曰「温公易說」。
○橫渠易說三卷　宋張載撰　二 二〇五

粵刻簡目作「二卷」。

○東坡易傳九卷　宋蘇軾撰　一六　二九六

伊川易傳四卷　宋程頤撰　一四　四八七

總目但題曰「易傳」。

●易學辨惑一卷　宋邵伯温撰　一　二二

了齋易説一卷　宋陳瓘撰　一一　九一

總目、簡目均作「了翁易説」。

吴園周易解九卷附録一卷　宋張根撰　三　二三〇

總目、簡目但題曰「吴園易解九卷」。

周易新講義六卷　宋耿南仲撰　四　二四六

總目、簡目均作「十卷」。

○紫巖易傳十卷　宋張浚撰　一六　五一三

●讀易詳説十卷　宋李光撰　一六　三八三

總目易類三

第一架三層

○易小傳六卷　宋沈該撰　一　六　三七三

○漢上易傳十一卷卦圖三卷叢説一卷　宋朱震撰　二一　一〇　七六二

總目、簡目均作「漢上易集傳」。朱震紀繕進簡目作朱宸。

●周易窺餘十五卷　宋鄭剛中撰　一　六　三九三

○易璇璣三卷　宋吴沆撰　一　一　五四

●易變體義十二卷　宋都絜撰　五　三二六

周易經傳集解三十六卷　宋林栗撰　二一　四　九九二

●易原八卷　宋程大昌撰　一　四　一八三

周易古占法一卷古周易章句外編一卷　宋程迥撰　一　一　四七

○原本周易本義十二卷卷末二卷　宋朱熹撰　一　二　一四二

周易本義四卷卷首一卷　明成矩編　三　一五六

此書總目附前書，内題曰「原本周易本義十二卷，附重刻周易本義四卷」。簡目則另爲一書，題曰「別本周易本義」，自有提要。杭刻簡目無此書，粵刻簡目於此書下注云「總目此部不存」。實則總目并非不存，特附於前書内耳。

○郭氏傳家易說十一卷　宋郭雍撰　一　六　五三五

○周易義海撮要十二卷　宋李衡撰　二一　○　六八五

紀繕進簡目作「二卷」。

南軒易說三卷　宋張栻撰　一　三　一○七

○復齋易說六卷　宋趙彥肅撰　一　二　一一一

楊氏易傳二十卷　宋楊簡撰　一　六　四一六

○周易玩辭十六卷　宋項安世撰　一　六　四五○

●易說四卷　宋趙善譽撰　一　四　一二○

簡目題曰「趙氏易說」。

誠齋易傳二十卷　宋楊萬里撰　二一　○　四九五

第一架四層

○**大易粹言七十三卷卷首一卷**　宋方聞一編　三一八一四六六

總目、杭刻粵刻簡目作「十卷」。

易圖說三卷　宋吳仁傑撰　一一五〇

古周易一卷　宋呂祖謙編　一五一

●**易傳燈四卷**　舊本題宋徐總幹撰不著名　二八〇

○**易裨傳一卷外篇一卷**　宋林至撰　一五二

總目、簡目題曰「易裨傳二卷」。

●**厚齋易學五十卷附録二卷**　宋馮椅撰　四二四一六五九

總目、簡目題曰「厚齋易學五十二卷」。

○**童溪易傳三十卷**　宋王宗傳撰　二一二七三四

周易總義二十卷　宋易祓撰　一六四七三

西谿易說十二卷　宋李過撰　一四二九八

○**丙子學易編一卷**　宋李心傳撰　一三五

第二架一層

易通六卷　宋趙以夫撰　一六　二二八

○●**易象意言一卷**　宋蔡淵撰　一一　三一

周易卦爻經傳訓解二卷　宋蔡淵撰　二　二〇六

總目、簡目但題曰「周易經傳訓解」。

周易要義十卷　宋魏了翁撰　一六　三三七

○**易翼傳二卷**　宋鄭汝諧撰　一四　二一四

總目題曰「東谷易翼傳」。

○**文公易說二十三卷**　宋朱鑑編　二一二　九四七

總目題曰「朱文公易說」。

易學啓蒙小傳一卷　宋稅與權撰　一　四六

總目題曰「易學啓蒙小傳一卷，附古經傳一卷」。

○**周易輯聞六卷附易雅一卷筮宗一卷**　宋趙汝楳撰　二八　六三三

●**周易詳解十六卷**　宋李杞撰　一六　四三九

總目、簡目作「用易詳解」。

淙山讀周易二十一卷　宋方實孫撰　一六　四九六

總目、簡目均作「淙山讀周易記」。

第二架二層

○周易傳義附録十四卷卷首一卷圖説一卷　宋董楷撰　三一八　一二七二

○易學啓蒙通釋二卷　宋胡方平撰　一一　一六七

○三易備遺十卷　宋朱元昇撰　四　二六六

○周易集説四十卷　宋俞琰撰　三一二　七六一

琰，總目、粤刻簡目避嘉慶諱，作「琬」。下同。

●讀易舉要四卷　宋俞琰撰　一四　一四八

●易象義十六卷　宋丁易東撰　二一二　六一四

總目作「周易象義」。

○易圖通變五卷易筮通變三卷　宋雷思齊撰　二　一〇二

讀易私言一卷　元許衡撰　一一　一五

總目易類四

○易附録纂注十五卷　元胡一桂撰　五　三七〇

總目題曰「易本義附録纂疏。」

○周易啓蒙翼傳四卷　元胡一桂撰　一　四　三九二

總目、簡目作「易學啓蒙翼傳」。

○易纂言十二卷卷首一卷　元吴澄撰　一　六　三七八

總目、簡目作「十卷」，無卷首。

●易纂言外翼八卷　元吴澄撰　一　二　二〇二

易源奥義一卷周易原旨八卷　元寶巴撰　五　三四九

總目作「易原奥義一卷，周易原旨六卷」。

周易程朱傳義折衷三十三卷　元趙采撰　二一　四　八六一

第二架三層

周易衍義十六卷　元胡震撰　三一　六　八一六

易學濫觴一卷　元黄澤撰　一　一　二七

○大易象數鉤深圖三卷　元張理撰　三　一五三

○大易輯説十卷　元王申子撰　二一〇　五五六

輯，揚刻總目、粵刻簡目作「緝」。

○周易本義通釋十二卷　元胡炳文撰　一六　五三八

○周易本義集成十二卷　元熊良輔撰　一六　四四八

○學易記九卷圖説一卷綱領一卷　元李簡撰　二一〇　六二五

周易集傳八卷　元龍仁夫撰　一四　一七九

讀易考原一卷　元蕭漢中撰　一　五二

第二架四層

●易精蘊大義十二卷　元解蒙撰　二二　四七一

○周易會通十四卷綱領一卷圖一卷附録一卷　元董真卿撰　二二一　〇七三

●易學變通六卷　元曾貫撰　一三　一二九

周易圖説二卷　元錢義方撰　一　七二

周易爻變易緼八卷　元陳應潤撰　一六　三七四

總目、杭刻粵刻簡目作「周易爻變義蘊四卷」。

總目易類五

第三架一層

周易參義十二卷　元梁寅撰　一六四四

周易文詮四卷　元趙汸撰　一三四六九

周易大全二十四卷綱領一卷圖説一卷　明永樂十二年胡廣等奉勅撰　四二四一三八六

易經蒙引十二卷　明蔡清撰　六二六一五四七

讀易餘言五卷　明崔銑撰　一二一八四

啓蒙意見四卷　明韓邦奇撰　四一八七

總目、簡目題曰「易學啓蒙意見五卷」。

易經存疑十二卷　明林希元撰　二一二八七八

周易辯録四卷　明楊爵撰　一四二五一

辯，總目作「辨」，文津閣書多作「辯」。

易像鈔十八卷　明胡居仁撰　一七五七〇

總目作「易象鈔四卷」。

第三架二層

周易象旨决録七卷　明熊過撰　一六四五五

易象鉤解四卷　明陳士元撰　一四一五七

周易集注十六卷卷首一卷　明來知德撰　二一二八三三

讀易紀聞六卷　明張獻翼撰　一六三〇二

葉八白易傳十六卷　明葉山撰　二一二五九七

總目但題曰「八白易傳」。

讀易述十七卷　明潘士藻撰　二一四一〇八八

總目、簡目題曰「洗心齋讀易述」。

像象管見九卷　明錢一本撰　一六四七七

簡目題曰「周易像象管見」。

周易劄記三卷　明逯中立撰　一二一二六

周易易簡説三卷　明高攀龍撰　三二〇三

易義古象通八卷　明魏濬撰　一六三八八

第三架三層

總目易類六

周易像象述十卷　明吳桂森撰　二一〇　五六一

總目、簡目作五卷

易用六卷　明陳祖念撰　四　一九五

總目作五卷

易象正十二卷卷首二卷卷終二卷　明黃道周撰　二　八　六一五

總目、簡目題曰「十六卷」，文淵閣本分訂十册。

兒易内儀以六卷兒易外儀十五卷　明倪元璐撰　一　五　三六〇

卦變考略二卷　明董守諭撰　一　四四

總目題曰「二卷」。

古周易訂詁十六卷　明何楷撰　二一〇　七四六

周易玩辭困學記十五卷　明張次仲撰　二一二　九三六

易經通注九卷　清順治十五年勅撰　一　六　三九一

杭刻簡目作「四卷」，紀繕進簡目作「八卷」。

◯日講易經解義十八卷　清康熙二十二年敕編　二一二　九九一

第三架四層

◯周易折中二十二卷卷首一卷　清康熙五十四年敕撰　三二〇　一〇八〇

◯周易述義十卷　清乾隆二十年敕撰　一六　四四五

讀易大旨五卷　清孫奇逢撰　一四　二六二

周易稗疏四卷附考異一卷　清王夫之撰　二　五八

易酌十四卷卷首一卷　清刁包撰　二一二　八三七

田間易學十二卷卷首一卷　清錢澄之撰　二一〇　六九〇

易學象數論六卷　清黃宗羲撰　一六　三〇六

周易象辭二十一卷附尋門餘論二卷圖學辨惑一卷　清黃宗炎撰　二一二　一一九七

總目、簡目作「周易象辭二十一卷」，又作「圖書辨惑」。

第四架一層

周易筮述八卷　清王宏撰撰　一六　三四七

仲氏易三十卷　清毛奇齡撰　二一四　五七一

推易始末四卷　清毛奇齡撰　一二　七六

春秋占筮書三卷　清毛奇齡撰　一　五五

易小帖五卷　清毛奇齡撰　二　一一六

易俟十八卷　清喬萊撰　二一二　四九九

總目、簡目題曰「喬氏易俟」。

讀易日鈔八卷　清張烈撰　一八　五三六

總目作六卷。

周易通論四卷　清李光地撰　一四　一四六

周易觀象十二卷　清李光地撰　一六　三八二

周易淺述八卷　清陳夢雷撰　一八　六七九

易原就正十二卷卷首一卷　清包儀撰　二一〇　五七二

大易通解十五卷卷首一卷附録一卷　清魏荔彤撰　二一二　一一四四

總目作「四卷」，無附録。粤刻總目作「十五卷，附録一卷」。

第四架二層

易經衷論二卷　清張英撰　一二一一二

易圖明辨十卷　清胡渭撰　五三五八

合訂删補大易集義粹言八十卷　清納喇性德編　六三六三〇七五

周易傳注七卷附周易筮考一卷　清李塨撰　一六四〇六

周易玩辭集解十卷　清查慎行撰　一六四八三

周易劄記二卷　清楊名時撰　一一七七

周易傳義合訂十二卷卷首一卷　清朱軾撰　六三四九

易説六卷　清惠士奇撰　一三一六四

第四架三層

周易函書約存十五卷卷首三卷約注十八卷别集十六卷　清胡煦撰　五二八二一三一

約存總目作「二十四卷」，簡目作「十五卷」，均無卷首。粵刻總目作「十八卷」，别集總目作「八卷」，粵刻總目作「十六卷」，與閣書符。

易箋八卷卷首一卷　清陳法撰　一六　五五九

學易初津二卷易翼宗六卷易翼說八卷　清晏斯盛撰　二一〇　八九三

總目、簡目題曰「楚蒙山房易經解十六卷」。

周易孔義集說二十卷　清沈起元撰　二一二　一〇一三

易翼述信十二卷　清王又樸撰　二一〇　六〇三

周易淺釋四卷　清潘思榘撰　一四　三五二

第四架四層

●周易洗心七卷卷首一卷　清任啓運撰　一六　三八八

總目、簡目題曰「九卷」。

豐川易說十卷　清王心敬撰　一六　五二五

周易述二十三卷　清惠棟撰　二一二　五八六

卷八、卷二十一原闕。

易漢學八卷　清惠棟撰　一三　一三三

易例二卷　清惠棟撰　二　九六

易象大意存解一卷　清任陳晉撰　一 五八

大易擇言三十六卷　清程廷祚撰　二一二一一二二

周易辨畫四十卷　清連斗山撰　三一六 八二三

周易圖書質疑二十四卷　清趙繼序撰　一 六 四九〇

周易章句證異十一卷　清翟均廉撰　一 五 三一四

第五架一層

附録

○●易緯乾坤鑿度二卷　一 四 一七三

○●周易乾鑿度二卷

○●易緯稽覽圖二卷

○●易緯辨終備一卷

○●易緯通卦驗二卷

○●易緯乾元序制記一卷

○●易緯是類謀一卷

○●易緯坤靈圖一卷

右易類連附録一六七部，一八九三卷，内二卷原闕。一〇八〇冊，七二三六八葉。

書類

總目書類一

書名	撰者	函	冊	葉
○尚書注疏十九卷尚書序一卷	舊本題漢孔安國傳唐孔穎達疏	二	一二	八七三

總目、簡目題曰「尚書正義二十卷」。

書名	撰者	函	冊	葉
●洪範口義二卷	宋胡瑗撰	一	一	六五
○東坡書傳二十卷	宋蘇軾撰		六	三五三

總目、杭刻粵刻簡目作十三卷。

書名	撰者	函	冊	葉
○尚書全解四十卷	宋林之奇撰	四	二四	一六一八

杭刻粵刻湖刻簡目及揚刻粵刻總目，此處均有鄭敷文書

說一卷，閣中實無此書。

○●**禹貢指南四卷** 宋毛晃撰 一 二 一〇三

○●**禹貢論二卷後論一卷山川地理圖二卷** 宋程大昌撰 四 二二四

禹貢論，總目、簡目均作「五卷」。

●**尚書講義二十卷** 宋史浩撰 一 六 四四一

第五架二層

●**尚書詳解二十六卷** 宋夏僎撰 三一 八 一一二六

簡目題曰「夏氏尚書詳解」，杭刻簡目題曰「尚書解」。

○●**禹貢說斷四卷** 宋傅寅撰 一 四 二四六

○**增修書說三十五卷** 宋吕祖謙撰時瀾增修 二一 二 六六二

總目但題曰「書說」，簡目則題曰「增修東萊書說」。

○**尚書說七卷** 宋黄度撰 一 六 二五八

●**五誥解四卷** 宋楊簡撰 一 五〇

●**絜齋家塾書鈔十二卷** 宋袁燮撰 二一 二 五五九

○**書經集傳六卷** 宋蔡沈撰 一 六 二六七

總目題曰「書集傳」。

●**尚書精義五十卷** 宋黃倫撰 四二 四 一〇九二

第五架三層

○**尚書詳解五十卷** 宋陳經撰 三一 六 八九四

簡目題曰「陳氏尚書詳解」。

●**融堂書解二十卷** 宋錢時撰 一 五 三六三

●**洪範統一一卷** 宋趙善湘撰 一 二四

尚書要義二十卷序說一卷 宋魏了翁撰 一 六 三七六

尚書要義卷七、八、九、卷十二、十三、十四並闕，總目、簡目作「十七卷」。

書集傳或問二卷 宋陳大猷撰 一 二 一七〇

總目作「尚書集傳或問」，杭刻簡目作「一卷」。

尚書詳解十三卷 宋胡士行撰 四 二九一

簡目題曰「胡氏尚書詳解」。

尚書表注二卷　宋金履祥撰　一　一　九〇

文淵閣本分訂二册。

讀書叢説六卷　元許謙撰　一　三　一五四

二　總目書類

○**書纂言四卷**　元吳澄撰　一　四　三七九

○**書集傳纂疏六卷**　元陳櫟撰　一　六　五一三

總目、簡目作「尚書集傳纂疏」。

○**書傳輯録纂注六卷卷首一卷**　元董鼎撰　一　六　六〇一

總目作「尚書輯録纂注」。

第五架四層

尚書通考十卷　元黄鎮成撰　一　六　三九九

書傳旁通六卷　元陳師凱撰　一　八　四四四

總目作「書蔡傳旁通」。

讀書管見二卷　元王充耘撰　一　二　一二九

書義斷法六卷附作義要訣一卷　元陳悦道撰附元倪士毅撰　二　一四六

○**尚書纂傳四十六卷**　元王天與撰　二一二　五七三

○**尚書句解十三卷**　元朱祖義撰　四　二〇九

粵刻聚珍本總目作三十卷。

書傳會選六卷　明洪武二十七年勅撰　一六　三五五

書傳大全十卷序一卷圖一卷綱領一卷　明永樂十二年勅撰　二一一　九一〇

尚書考異五卷　明梅鷟撰　一二　一八六

尚書疑義六卷　明馬明衡撰　三　二三九

杭刻簡目作「五卷」。

尚書日記十六卷　明王樵撰　二一三　八九四

尚書砭蔡編一卷　明袁仁撰　一一　四四

尚書疏衍四卷　明陳第撰　二　一三二

尚書注考一卷　明陳泰交撰　一一　四四

第六架一層

洪範明義二卷卷首一卷卷終一卷　明黃道周撰　四　二二一

總目、簡目題曰「四卷」。

○日講書經解義十三卷　清康熙十九年勅編　二一二　七二五

○書經傳説彙纂二十一卷卷首二卷書序一卷　清康熙六十年勅撰　三二〇　一二〇〇

總目、簡目題曰「二十四卷」。

尚書稗疏四卷　清王夫之撰　一三　二二七

總目、簡目作「書經稗疏」。

尚書古文疏證八卷朱子古文書疑一卷　清閻若璩撰　二一〇　八一七

總目、簡目作「古文尚書疏證」，卷三原闕。

古文尚書冤詞八卷　清毛奇齡撰　一三　一六四

尚書廣聽録五卷　清毛奇齡撰　一二　一〇七

尚書埤傳十五卷考異一卷卷末一卷　清朱鶴齡撰　二一〇　五五八

總目、簡目題曰「十七卷」。

第六架二層

禹貢長箋十二卷圖一卷　清朱鶴齡撰　一五　四一一

禹貢錐指二十卷圖一卷　清胡渭撰　四二〇　一一七一

洪範正論五卷　清胡渭撰　一三　一九〇

尚書七篇解義二卷　清李光地撰　二　八三

總目題曰「尚書解義一卷」。

書經衷論四卷　清張英撰　一二　一四六

尚書地理今釋一卷　清蔣廷錫撰　一　六一

禹貢會箋十二卷　清徐文靖撰　四　二二七

附録

尚書大傳三卷補遺一卷　舊本題漢伏勝撰鄭玄注　一二　七四

總目、簡目作四卷，補遺一卷。

書義矜式六卷　元王充耘撰　四　二八二

右書類連附録五十七部，六七六卷，内七卷原闕。三七一册，二三一六〇葉。

詩類

總目詩類一

第六架三層

	函	册	葉
詩序二卷　撰人衆説不一	四	一	八一
○毛詩注疏三十卷詩譜序一卷詩譜一卷原目一卷　漢毛亨傳鄭玄箋唐孔穎達疏		二二	一八四三
毛詩草木鳥獸蟲魚疏二卷　吴陸璣撰 總目、簡目題曰「毛詩正義四十卷」。	一	一	三九
○陸氏毛詩疏廣要四卷　吴陸璣撰明毛晉注 總目題曰「毛詩陸疏廣要二卷」。		四	二八六
○毛詩指説一卷　唐成伯璵撰	一	一	一九
○詩本義十六卷　宋歐陽修撰		四	二五二

總目、簡目作「毛詩本義」。

詩集傳十九卷　宋蘇轍撰　一　八　四四一

總目、簡目題曰「蘇氏詩集傳二十卷」。杭刻簡目題曰「詩經傳二十卷」。

毛詩名物解二十卷　宋蔡卞撰　一　二　一四八

○毛詩集解四十二卷　不著編録人名氏　六三四　一六一○

○詩補傳三十卷　宋范處義撰　二一四　八四二

○詩總聞二十卷　宋王質撰　二一二　五八七

○詩經集傳八卷　宋朱熹撰　一　四　三一五

總目、簡目作「詩集傳」。

第六架四層

●慈湖詩傳二十卷　宋楊簡撰　二一二　六一九

○呂氏家塾讀詩記三十二卷　宋呂祖謙撰　二一二　九三一

●續呂氏家塾讀詩記三卷　宋戴溪撰　一　三　一五八

●絜齋毛詩經筵講義四卷　宋袁燮撰　二　七五

●毛詩講義十二卷　宋林岊撰　一六　四四六

童子問八卷卷首一卷卷末一卷　宋輔廣撰　一五　二九四

總目、簡目題曰「詩童子問十卷」。

毛詩集解二十五卷　宋段昌武撰　二一二　八三五

簡目題曰「段氏毛詩集解」。卷五、卷十、卷二十二、二十三原闕。

第七架一層

○詩緝三十六卷　宋嚴粲撰　二一二　九五七

○詩傳遺説六卷　宋朱鑑編　一三　一八八

詩考一卷　宋王應麟撰　一一　七一

○詩地理考六卷　宋王應麟撰　三　一七三

○詩集傳名物鈔八卷　元許謙撰　一八　五〇六

詩傳通釋二十卷卷首一卷　元劉瑾撰　二一二　一〇四九

詩傳旁通十五卷 元梁益撰 一六三八八

詩經疏義會通二十卷卷首一卷 元朱公遷撰 四二〇九一八

總目但題曰「詩經疏義」。

○**詩經疑問七卷詩辨説附編一卷** 元朱倬撰 二八六

總目、簡目題曰：「詩疑問七卷，附詩辨説一卷。」

●**詩纘緒十八卷** 元劉玉汝撰 一六四〇五

第七架二層

詩演義十五卷 元梁寅撰 一六三八四

○**詩解頤四卷** 明朱善撰 一四二二四

詩傳大全二十卷詩序一卷 明永樂十二年敕撰 四一八一〇三七

總目題曰「詩經大全」，粤刻簡目則題曰「詩集傳大全」。

詩説解頤四十卷 明季本撰 二一三九八六

讀詩私記五卷 明李先芳撰 一二八〇

總目作二卷。

詩故十卷　明朱謀㙔撰　三　一三八

詩名物疏五十五卷　明馮應京撰　四二四　一〇四四

總目、簡目作「六家詩名物疏五十四卷」。

第七架三層

○**重訂詩經疑問十二卷**　明姚舜牧撰　二一〇　六六六

總目、簡目但題曰「詩經疑問」。

詩經世本古義二十八卷卷首二卷卷後一卷　明何楷撰　三一八　一七〇〇

待軒詩記八卷總論一卷　明張次仲撰　一六　六五九

讀詩略記六卷　明朱朝瑛撰　一六　四五八

○**詩經傳説彙纂二十一卷卷首二卷**　清康熙六十年勅撰　四二四　一六六一

總目、簡目作「二十卷，序二卷」。

閣書此處有空函二，題曰：「日講詩經解義内實無書，總目亦不載，簡目則有目無卷數。注云提要原闕，粤刻簡目此處空六行。」

第七架四層

○**詩義折中二十卷**　清乾隆二十年勅撰　二一四　七六三

田間詩學十二卷總論一卷　清錢澄之撰　二一〇　七三三

總目、簡目作「十二卷」，無總論。

詩經稗疏四卷　清王夫之撰　二　二三八

詩經通義十二卷　清朱鶴齡撰　一六　六三五

毛詩稽古編三十卷　清陳啓源撰　二二二　九九二

詩所八卷　清李光地撰　一六　三三一

毛詩寫官記四卷　清毛奇齡撰　一二　八三

詩札二卷　清毛奇齡撰　一　四〇

詩傳詩説駁義五卷　清毛奇齡撰　二　八二

續詩傳鳥名三卷　清毛奇齡撰　一　六二

詩識名解十五卷　清姚炳撰　一六　四七〇

詩傳名物集覽十二卷　清陳大章撰　二一〇　五四二

粵刻聚珍本總目作「輯覽」。

第八架一層

詩說三卷　清惠周惕撰　一　六二
詩經劄記一卷　清楊名時撰　一　三〇
讀詩質疑三十一卷卷首十五卷　清嚴虞惇撰　三一八　一二七四
總目、簡目卷首作「附録」。
毛詩類釋二十一卷續編三卷　清顧棟高撰　一六　四〇五
詩疑辨證六卷　清黄中松撰　一六　五六五
三家詩拾遺十卷　清范家相撰　一二　一八二
詩瀋二十卷　清范家相撰　二四　三二五
詩序補義二十四卷卷首一卷　清姜炳璋撰　二一四　七一一
虞東學詩十二卷　清顧鎮撰　二一〇　七八六

附録

詩外傳十卷　漢韓嬰撰　一四　一六七

第八架二層

總目、簡目題曰「韓詩外傳」。

右詩類連附録六十三部，九六〇卷，內四卷原闕。五〇三册，三三〇七七葉。

禮類

總目禮類一

	函	册	葉
○**周禮注疏四十二卷** 漢鄭玄注唐賈公彦疏	四	二四	一五〇四
●**周官新義十六卷附考工記解二卷** 宋王安石撰	一	六	三八一
粵刻聚珍本總目作「周禮新義」。			
周禮詳解四十卷 宋王昭禹撰	二	一二	七八八
周禮復古編一卷 宋俞庭椿撰	一	一	四三
庭椿，簡目作廷椿			
○**太平經國之書十一卷** 宋鄭伯謙撰		三	一四一
○**禮經會元四卷** 宋葉時撰	一	四	三五六

第八架三層

●**周官總義三十卷**　宋易祓撰　二一二　八二一

○**周禮訂義八十卷**　宋王與之撰　六三六二五八六

○**考工記解二卷**　宋林希逸撰　一　一　二〇三

總目、簡目題曰「鬳齋考工記解」。

周禮句解十二卷　宋朱申撰　四　二八二

周禮集説十卷卷首一卷綱領一卷　元陳友仁編　二一〇　九九九

●**周官集傳十六卷**　元毛應龍撰　一　六　四七一

周禮傳五卷圖説二卷翼傳二卷　明王應電撰　二一二　八九四

周禮傳五卷，每卷分上下。總目、簡目題曰「十卷」。

第八架四層

周禮全經釋原十二卷卷首一卷周禮通論一卷通今續論一卷　明柯尚遷撰　二一二一〇九

總目、簡目但題曰「周禮全經釋原十四卷」。

周禮注疏刪翼三十卷　明王志長撰　四二二　一七四二

第九架一層

○**周官義疏四十八卷卷首一卷**　清乾隆十三年御定　六三四　二五〇八

周禮述注二十四卷　清李光坡撰　二一二　一〇五九

周禮纂訓二十一卷　清李鍾倫撰　二一〇　九二〇

總目作「周禮訓纂」。

周官集注十二卷　清方苞撰　二一〇　七五五

禮說十四卷　清惠士奇撰　二一二　五三七

周官祿田考三卷　清沈彤撰　一　一　九六

周禮疑義舉要七卷　清江永撰　三　一四五

右禮類周禮之屬二十二部，四五二卷，二四八冊，一八三四

○葉。

總目禮類二

第九架二層

○**儀禮注疏十七卷**　漢鄭玄注唐賈公彥疏　三一四　一二二三

●**儀禮識誤三卷**　宋張淳撰　三　二　五五

●**儀禮集釋三十卷**　宋李如圭撰　一六　九五二

●儀禮釋宫一卷　宋李如圭撰　一　三一

儀禮圖十七卷儀禮旁通圖一卷　宋楊復撰　二一二　六四五

儀禮要義五十卷　宋魏了翁撰　三一八一〇〇七

卷三十、三十一原闕。

儀禮逸經二卷　元吴澄撰　一　五一

總目、簡目題曰「儀禮逸經傳」。

○儀禮集説十七卷　元敖繼公撰　四一六一一六九

○經禮補逸九卷　元汪克寬撰　一四　一六九

○儀禮義疏四十八卷卷首二卷　清乾隆十三年勅撰　八五〇三一四二

○儀禮鄭注句讀十七卷附監本正誤一卷唐石經正誤一卷考注訂誤一卷　清張爾岐撰　一　六　四九三

監本正誤六葉，唐石經正誤三葉，考注訂誤十三葉，總目、簡目無考注訂誤，總目題曰「附監本正誤、石經正誤

第九架三層

二卷」。

儀禮商二卷　清萬斯大撰　二一六〇

儀禮述注十七卷　清李光坡撰　一二九〇四

粤刻總目、簡目有附録一卷。

儀禮析疑十七卷　清方苞撰　二一二五五八

儀禮章句十七卷　清吴廷華撰　一五三八九

補饗禮一卷　清諸錦撰　一一八

禮經本義十七卷　清蔡德晋撰　二一〇五八八

宫室考二卷　清任啓運撰　一四五

總目、簡目作「十三卷」。

肆獻祼饋食禮三卷　清任啓運撰　一二一〇一

儀禮釋宫增注一卷　清江永撰　一三〇

儀禮小疏七卷　清沈彤撰　三一八四

第九架四層

儀禮集編四十卷卷首二卷 清盛世佐撰 六三六二八一七

總目、簡目作「一卷」。

附録

第十架一層 **内外服制通釋七卷** 宋車垓撰 一〇一 一二

讀禮通考一百二十卷 清徐乾學撰 六〇四五二八

右禮類儀禮之屬連附録二十四部，四七〇卷，内二卷原闕。二八五册，一九二七一葉。

總目禮類三 ○**禮記注疏六十三卷** 漢鄭玄注唐孔穎達疏 六三二二七七

總目、簡目題曰「禮記正義」。

第十架二層 ●**月令解十二卷** 宋張虙撰 三 一九

○**禮記集説一百六十卷** 宋衛湜撰 一四八四 六三〇一

第十架三層 **禮記纂言三十六卷** 元吳澄撰 五二六 一三〇九

第十架四層 ○**禮記集説十卷** 元陳澔撰 二一〇 六五九

總目、簡目題曰「雲莊禮記集説」。

禮記集説大全三十卷　明永樂十二年勅撰　三一八一五四〇

總目、簡目但題曰「禮記大全」。

月令明義四卷　明黄道周撰　一二八三

表記集傳二卷附春秋表記問業一卷　明黄道周撰　二一八七

附一卷，總目、簡目不載。

坊記集傳二卷附録一卷　明黄道周撰　二一七〇

附録，總目、簡目作「附春秋問業」

緇衣集傳四卷　明黄道周撰　一四二一四

儒行集傳二卷　明黄道周撰　二一三〇

◯日講禮記解義六十四卷　清康熙講筵舊稿乾隆元年勅編　五三〇一四八五

杭刻簡目作「二十六卷」。

第十一架
一層

◯禮記義疏八十二卷卷首一卷　清乾隆十三年勅撰　一〇六二四二一二

深衣考一卷　清黃宗羲撰　一　一　二七

陳氏禮記集説補正三十八卷　清納喇性德撰　六　五一八

禮記述注二十八卷　清李光坡撰　三一　六　一三一一

禮記析疑四十八卷　清方苞撰　一　六　五三一

總目、簡目作「四十六卷」。

檀弓疑問一卷　清邵泰衢撰　一　二五

禮記訓義擇言八卷　清江永撰　一　四　一九五

深衣考誤一卷　清江永撰　一　一八

第十一架二層

附録

大戴禮記十三卷　漢戴德撰　一　六　二七〇

夏小正戴氏傳四卷　宋傅崧卿撰　一　一九

右禮類禮記之屬連附録二二部，六一七卷，三一九册，二一六〇〇葉。

總目禮類四

〇三禮圖集注二十卷　宋聶崇義撰　一　六　五一五

三禮圖四卷　明劉績撰　一　四　二八〇

杭刻簡目作「二卷」。

學禮質疑二卷　清萬斯大撰　二　九五

讀禮志疑六卷　清陸隴其撰　一　三　一八三

郊社禘祫問一卷　清毛奇齡撰　一　三一

參讀禮志疑二卷　清汪紱撰　二　一四三

右禮類三禮總義之屬六部，三五卷，一八册，一二四七葉。

禮書一百五十卷　宋陳祥道撰　三　一八　一三九七

儀禮經傳通解三十七卷續二十九卷　宋朱熹撰黄榦續　七　五〇　三一二八

卷十五原闕。

第十一架三層

禮書綱目八十五卷卷首三卷附録三卷　清江永撰　六　三八　二五〇六

第十一架四層

五禮通考二百六十二卷卷首四卷　清秦蕙田撰　三四　二二八　一三四六九

右禮類通禮之屬四部，五七三卷，內一卷原闕。三三四冊，二一〇五〇〇葉。

第十二架二層

書儀十卷　宋司馬光撰　一　三　一三四

家禮五卷附録一卷　舊本題宋朱熹撰　二　一二六

總目、簡目作「八卷」，無附録。

泰泉鄉禮七卷　明黃佐撰　一　二　一三八

朱子禮纂五卷　清李光地撰　三　一五六

辨定祭禮通俗譜五卷　清毛奇齡撰　二　一〇六

右禮類雜禮書之屬五部，三三卷，一二冊，六六〇葉。

第十二架三層

春秋類

函　冊　葉

〇左傳注疏六十卷　晉杜預注唐孔穎達疏　六　三六　二五一七

總目春秋類一

總目、簡目題曰「春秋左傳正義」，杭刻簡目作「三十六卷」。

○**公羊注疏二十八卷** 漢何休解詁唐徐彥疏 三一八 一〇三八

總目、簡目題曰「春秋公羊傳注疏」。

○**穀梁注疏二十卷** 晉范寧集解唐楊士勛疏 二一〇 六四一

總目、簡目題曰「春秋穀梁傳注疏」。

箴膏肓一卷起廢疾一卷發墨守一卷 漢鄭玄撰 一 二六

紀繕進簡目作「膏盲」。

第十二架四層

●**春秋釋例十五卷** 晉杜預撰 二一〇 七三二

春秋集傳纂例十卷 唐陸淳撰 一四 三一六

春秋微旨三卷 唐陸淳撰 三 一一一

春秋集傳辨疑十卷 唐陸淳撰 一四 一七四

春秋名號歸一圖二卷 蜀馮繼先撰 一 六三

春秋年表一卷 不著撰人名氏 一 一八

○春秋尊王發微十二卷　宋孫復撰　一　五　二四五

春秋皇綱論五卷　宋王晳撰　一　六四

春秋通義一卷　不著撰人名氏　一　二〇

○春秋權衡十七卷　宋劉敞撰　一　六　三七七

○春秋傳十五卷　宋劉敞撰　一　四　二三五

簡目題曰「劉氏春秋傳」。

春秋意林二卷　宋劉敞撰　二　一一〇

●春秋傳說例一卷　宋劉敞撰　一　一　一四

春秋經解十三卷　宋孫覺撰　七　四五四

簡目題曰「孫氏春秋經解」，杭刻簡目作「十五卷」。

○春秋集解十二卷　宋蘇轍撰　一　四　二〇五

簡目題曰「蘇氏春秋集解」。

○●春秋辨疑四卷　宋蕭楚撰　二　一二九

總目春秋類二

○●**春秋本例二十卷** 宋崔子方撰　一　四　二二一

總目春秋本例在春秋經解後。

●**春秋經解十二卷** 宋崔子方撰　一　五　三三七

●**春秋例要一卷** 宋崔子方撰

此書連提要僅十二葉，附訂於春秋經解末册。分架圖不載，粵刻簡目此書在本例後，五禮例宗前。杭刻簡目此書在本例後，經解前。

春秋五禮例宗十卷 宋張大亨撰　一　三　一三七

卷四、五、六原闕，故總目、簡目作「七卷」。

●**春秋通訓六卷** 宋張大亨撰　三　一九三

○**葉氏春秋傳二十卷** 宋葉夢得撰　一　八　四八六

總目但題曰「春秋傳」。

第十三架一層

●**春秋考十六卷** 宋葉夢得撰　一　六　四八六

春秋左傳讞十卷春秋公羊傳讞六卷春秋穀梁傳

讞六卷　宋葉夢得撰　二一〇　六七四

總目、簡目題曰「春秋讞二十二卷」，粤刻聚珍本總目題曰「春秋讞二十卷」。

○**春秋集解三十卷**　宋吕本中撰　二一四　一一五

簡目題曰「吕氏春秋集解」。

○**胡氏春秋傳三十卷**　宋胡安國撰　一　六　四八六

總目、簡目但題曰「春秋傳」。

●**春秋集注四十卷**　宋高閌撰　二一四　六六四

簡目題曰「高氏春秋集注」。

○**春秋後傳十二卷**　宋陳傅良撰　一　六　二四五

○**左氏傳説二十卷**　宋吕祖謙撰　一　六　二六四

總目題曰「春秋傳説」，簡目題曰「春秋左氏傳説」。

●**左氏傳續説十二卷**　宋吕祖謙撰　一　六　二九四

總目、簡目題曰「春秋左氏傳續説」。

第十三架二層

左氏博議二十五卷　宋吕祖謙撰　二一二　四八四

總目、簡目題曰「詳注東萊左氏博議」。

春秋比事二十卷　宋沈棐撰　一　六　四八三

春秋左傳要義三十一卷卷首一卷　宋魏了翁撰　一　七　五六〇

卷十八、十九、二十、二十一原闕。

春秋分記九十卷　宋程公説撰　四三〇　二〇三〇

總目、簡目作「春秋分紀」。

●**春秋講義四卷**　宋戴溪撰　一　六　三三八

春秋集義五十卷綱領三卷　宋李明復撰　三一八　一二四〇

○**春秋集注十一卷綱領一卷**　宋張洽撰　一　四　三五九

簡目題曰「張氏春秋集注」。

第十三架三層

○**春秋王霸列國世紀編三卷**　宋李琪撰　一　三　二一二

○**春秋通説十三卷**　宋黃仲炎撰　一　六　三三二

●**春秋說三十卷** 宋洪咨夔撰 二一〇 五〇四

簡目題曰「洪氏春秋說」。

○**春秋經筌十六卷** 宋趙鵬飛撰 三一四 九二六

呂氏春秋或問二十卷附春秋五論一卷 宋呂大圭撰 一六 四一三

總目、粵刻總目無「呂氏」字。

○**春秋集傳詳說三十卷** 宋家鉉翁撰 四二四 九八六

總目、簡目但題曰「春秋詳說」。

○**讀春秋編十二卷** 宋陳深撰 一六 三三四

第十三架四層 總目春秋類三

○**春秋集傳釋義大成十二卷** 元俞皋撰 二一〇 六四五

春秋纂言十二卷總例二卷 元吳澄撰 二一〇 八五〇

總目作總例七卷，簡目作「總例一卷」。

春秋提綱十卷 元陳則通撰 一四 二一〇

總目、簡目此書在集傳釋義大成前。

春秋諸國統紀六卷序目一卷　元齊履謙撰　一　一二三

統紀六卷，粵刻聚珍本總目作「一卷」。序目一卷，總目、簡目作「目録一卷」。

○春秋本義三十卷　元程端學撰　二一二　九四六

○春秋或問十卷　元程端學撰　一六　三三一

簡目題曰「程氏春秋或問」。

●三傳辨疑二十卷　元程端學撰　二一二一　〇二〇

總目、簡目題曰「春秋三傳辨疑」。

春秋讞義九卷　元王元杰撰　一六　三一二

第十四架一層

○春秋會通二十四卷　元李廉撰　二一二　八四七

總目、簡目題曰「春秋諸傳會通」。

○春秋經傳闕疑四十五卷　元鄭玉撰　五二四　一三一八

○春秋集傳十五卷　元趙汸撰　一八　四九〇

春秋師説三卷附録二卷 元趙汸撰 一二一四四

春秋左氏傳補注十卷 元趙汸撰 二一六四

春秋金鎖匙一卷 元趙汸撰 一五五

○春秋屬辭十五卷 元趙汸撰 二八六〇〇

春秋胡傳附録纂疏三十卷卷首一卷 元汪克寬撰 五二八一四三七

第十四架二層

○春秋春王正月考二卷 明張以寧撰 一二九三

總目、簡目但題曰「春王正月考」，粵刻簡目作「一卷」。

春秋書法鉤玄四卷 明石光霽撰 三一三八

總目、簡目但題曰「春秋鉤元」。

春秋大全三十七卷 明永樂十二年勅撰 四二二一八八一

總目、簡目作「七十卷」。

春秋經傳辨疑一卷 明童品撰 一六〇

春秋正傳三十七卷 明湛若水撰 三一八一二六〇

第十四架三層

左傳附注六卷 明陸粲撰　一三　一三二

總目、簡目作「五卷」。

春秋胡傳辨疑二卷 明陸粲撰　一　五三

總目、簡目作「春秋胡氏傳辨疑」。

春秋明志録十二卷 明熊過撰　二一〇　六三〇

春秋正旨一卷 明高拱撰　一　二一

春秋輯傳十三卷春秋凡例二卷 明王樵撰　三一四　一三一四

簡目尚有宗旨一卷，總目無，粵刻總目有。

春秋億六卷 明徐學謨撰　一四　一五七

春秋事義全考十六卷 明姜寶撰　三一四　七九九

春秋左傳屬事二十卷 明傅遜撰　三一八　八四八

總目、簡目但題曰「左傳屬事」。

第十四架四層

春秋胡傳考誤一卷 明袁仁撰　一一　三〇

左氏釋二卷　明馮時可撰　一　五〇

春秋質疑十二卷　明楊于庭撰　二　一〇〇

粵刻簡目作「楊子庭撰」。

春秋孔義十二卷　明高攀龍撰　一六　二九九

春秋辨義三十卷卷首九卷　明卓爾康撰　四三〇　一六六七

總目、簡目題曰「三十九卷」，杭刻簡目題曰「三十卷」，無卷首。

讀春秋略記十二卷　明朱朝瑛撰　一六　四四〇

總目、杭刻粵刻簡目作「十卷」。

春秋四傳質二卷　明王介之撰　一二　一八九

左傳杜林合注五十卷　明王道焜趙如源同編　二一二　一一三四

總目春秋類
第四十五架
一層

〇日講春秋解義六十四卷　清康熙經筵舊稿雍正編次成帙　四二四　一六九二

〇春秋傳説彙纂三十八卷卷首二卷　清康熙三十八年勅撰　四二四　一九七五

○**春秋直解十二卷** 清乾隆二十三年敕撰 二一〇 五五一

卷三莊公，卷五僖公，卷九襄公，卷十昭公，均分上下卷，連子卷計，應爲十六卷。總目、簡目作「十五卷」，紀緒進簡目作「十六卷」。

左傳杜解補正三卷 清顧炎武撰 一三 九九

春秋稗疏二卷 清王夫之撰 二 八一

春秋四傳糾正一卷 清俞汝言撰 一 四一

春秋平義十二卷 清俞汝言撰 一七 三六九

讀左日鈔十二卷補二卷 清朱鶴齡撰 一六 五一五

紀緒進簡目作「二卷，補二卷」。

左傳事緯十二卷前集八卷 清馬驌撰 三一八 一〇七六

前集，總目、簡目題曰「附録」。

春秋毛氏傳三十六卷 清毛奇齡撰 三一八 七七九

第十五架
二層

春秋簡書刊誤二卷　清毛奇齡撰　一　一　五九

春秋屬辭比事記四卷　清毛奇齡撰　三　七二

春秋地名考略十四卷　清高士奇撰　一　六　三八二

春秋管窺十二卷　清徐庭垣撰　一　六　三三一

左傳折諸二十八卷卷首二卷公羊折諸六卷卷首一卷

穀梁折諸六卷卷首一卷　清張尚瑗撰　三一八　一四四一

總目、簡目題曰「三傳折諸四十四卷」。

第十五架
三層

春秋闕如編八卷　清焦袁熹撰　一　六　三四八

春秋宗朱辨義十二卷　清張自超撰　二一〇　五六三

春秋通論四卷　清方苞撰　一　二　一一二

春秋世族譜一卷　清陳厚耀撰　一　八二

春秋長歷十卷　清陳厚耀撰　一　六　四六〇

春秋說十五卷　清惠士奇撰　二一二　七〇六

總目、簡目題曰「半農春秋説」。

春秋大事表五十卷附録一卷輿圖一卷偶筆一卷　清顧棟高撰　六三　六　二七五九

總目、簡目，「附録」在「輿圖」後，無「偶筆」。

第十五架四層

春秋識小録九卷　清程廷祚撰　一　三　二三一

春秋左傳補注六卷　清惠棟撰　三　二一七

總目但題曰「左傳補注」，簡目則題曰「惠氏左傳補注」。

春秋左傳小疏一卷　清沈彤撰　一　一　二九

總目、簡目作「春秋左氏傳小疏」。

春秋地理考實四卷　清江永撰　三　一五六

三正考二卷　清吴鼐撰　一　三〇

春秋究遺十六卷　清葉酉撰　二一　二　六一一

春秋隨筆二卷　清顧奎光撰　一　一　七〇

附録

○●春秋繁露十七卷 漢董仲舒撰 六 二一五

薈要、總目此書入子部。

右春秋類連附録一一五部，一八三三卷，内七卷原闕九三一册，五九一三一葉。

孝經類 函 册 葉

古文孝經孔氏傳一卷附宋本古文孝經一卷 舊本題漢孔安國傳日本信陽太宰純音 一 一 四五

○孝經注疏九卷 唐玄宗注宋邢昺疏 二 一〇三

總目、簡目題曰「孝經正義三卷」。

古文孝經指解一卷 宋司馬光撰范祖禹説 一 二七

簡目但題曰「孝經指解」。

孝經刊誤一卷 宋朱熹撰 一 一 一四

孝經大義一卷 元董鼎撰 一 二八

孝經定本一卷 元吳澄撰 一 二九

●**孝經述注一卷** 明項霦撰 一 一 二六

孝經集傳四卷 明黃道周撰 四 一九三

○**孝經注一卷** 清順治十三年御定 一 一 二七

總目題曰「御注孝經」。

○**孝經集注一卷** 清雍正五年御撰 一 二四

孝經問一卷 清毛奇齡撰 一 二四

右孝經類一一部，一二三卷，一五冊，五四〇葉。

五經總義類

	函	冊	葉
駁五經異義一卷補遺一卷 漢鄭玄撰	一	二	五六
鄭志三卷 魏鄭小同撰		三	五四
總目、簡目有補遺一卷。			
第十六架一層			
○**經典釋文三十卷** 唐陸德明撰	四	二四	一〇九七
七經小傳三卷 宋劉敞撰	一	一	八一
程氏經說七卷 不著編輯者名氏		二	一八〇
六經圖十卷 宋楊甲撰毛邦翰補	二	八	六〇五
總目作「六卷」			
○**六經正誤六卷** 宋毛居正撰	一	四	一九九
九經三傳沿革例一卷 宋岳珂撰		一	三六
總目、簡目題曰「刊正九經三傳沿革例」。			

融堂四書管見十三卷 宋錢時撰　一　五　三〇九

四如講稿六卷 宋黄仲元撰　二　一三八

○**六經奥論六卷** 舊本題宋鄭樵撰　一　五　二二一

明本排字九經直音二卷 不著撰人名氏　一　二　一五七

○**經説七卷** 元熊朋來撰　四　一八九

總目、簡目題曰「五經説」。

○**十一經問對五卷** 元何異孫撰　一　四　一六二

總目作「十一經問答」。

○**五經蠡測六卷** 明蔣悌生撰　四　二〇二

簡端録十二卷 明邵寶撰　一　六　二七一

第十六架二層

五經稽疑六卷 明朱睦㮮撰　一　四　一九三

杭刻簡目作「五卷」。

經典稽疑二卷 明陳耀文撰　二　一六四

繙譯五經一百十二卷四書十九卷　清乾隆四十七年定五十年校上　一六二　一〇　七七七二

計易四卷，書六卷，詩八卷，春秋六十四卷，禮記三十卷，大學、中庸各一卷，論語十卷，孟子七卷。閣書提要作五經一百四卷，四書二十九卷。總目、簡目則作五經五十八卷，四書二十九卷。杭刻簡目則作五經十八卷，四書二十九卷。文淵閣本一百二十八册。

第十六架
三層

經問十八卷經問補三卷　清毛奇齡門人録其子遠宗補　二一〇　四七〇

九經誤字一卷　清顧炎武撰　一　一　一一

十三經義疑十二卷　清吴浩撰　四　二〇七

七經孟子考文補遺二百卷卷首一卷　日本山井鼎撰物觀補遺　五三〇　一七五四

計易十卷，書、詩各二十一卷，左傳六十卷，禮記六十三卷，論語十卷，孝經一卷，孟子十四卷。總目、簡目作二百六卷。粵刻總目、簡目作一百九十九卷。

第十六架四層

九經古義十六卷　清惠棟撰　一　六　二七六

經稗十二卷　清鄭方坤撰　二一二　五八三

總目、杭刻粵刻簡目作「六卷」。

十三經注疏正字八十一卷　清沈廷芳撰　四二四　二一二九

朱子五經語類八十卷　清程川編　四二〇　一四三〇

第十七架一層

羣經補義五卷　清江永撰　一　三　一一二

經咫一卷　清陳祖范撰　一　六三

九經辨字瀆蒙十二卷　清沈炳震撰　一　六　五一九

古經解鉤沈三十卷　清余蕭客撰　二一二　八六五

附録

古微書三十六卷　明孫瑴編　二一二　四九一

右五經總義類連附録三二部，七六六卷，三三四册，二〇九九六葉。

四書類

總目四書類一

書名	撰者	函	册	葉
〇孟子注疏十四卷（總目、簡目題曰「孟子正義」。）	漢趙岐注舊本題宋孫奭疏	二	一〇	六四〇
論語集解義疏十卷（總目但題曰「論語義疏」。）	魏何晏注梁皇侃疏	一	五	三七〇
〇論語注疏二十卷（總目、簡目題曰「論語正義」。）	魏何晏注宋邢昺疏	一	六	三六二
論語筆解二卷	唐韓愈撰	一	二	四八
孟子音義二卷	宋孫奭撰		一	二七
論語拾遺一卷	宋蘇轍撰		一	一五

孟子解一卷　宋蘇轍撰　一一一八

論語全解十卷　宋陳祥道撰　六三二〇

第十七架二層

○孟子傳二十九卷　宋張九成撰　一七五六〇

●尊孟辨三卷續辨二卷別録一卷　宋余允文撰　一一一〇四

粵刻杭刻湖刻簡目此處均有「宋石𡼏編中庸集解二卷」，閣中實無此書。

○大學章句一卷中庸章句一卷論語集注十卷孟子集注七卷　宋朱熹撰　六四一九

總目、簡目中庸在孟子後，閣書則大學、中庸合訂一册。又朱子撰述閣書或題「朱熹」，或題「朱子」，其例不一，此書題「朱子章句」。

四書或問三十九卷　宋朱熹撰　二八七三九

論孟精義三十四卷　宋朱熹撰　二一二一〇八三

中庸輯略二卷　宋石𡼏編朱熹删定　一二一一七

[illegible]，總目作「墪」。
石鼓論語答問三卷　宋戴溪撰　二　二一三
總目作「問答」。
論語意原四卷　宋鄭汝諧撰　二　一五一
總目、杭刻粵刻簡目作「二卷」。
○南軒論語解十卷　宋張栻撰　一五　二五三
總目、簡目題曰「癸巳論語解」。
○孟子說七卷　宋張栻撰　一七　四五二
總目、簡目題曰「癸巳孟子說」。
●蒙齋中庸講義四卷　宋袁甫撰　一四　一四四
○四書集編二十九卷　宋真德秀撰　二一〇　七四六
計大學上下二卷，中庸上中下三卷，論語十卷，孟子十四卷，總目題曰「二十六卷」。
第十七架三層
○孟子集疏十四卷　宋蔡模撰　一六　三二七

○論語集説十卷　宋蔡節撰　一五　二九九

總目作「十三卷」。

中庸指歸一卷中庸分章一卷大學發微一卷大學本旨一卷　宋黎立武撰　一一　七七

○四書纂疏四十卷　宋趙順孫撰　三一八　一四九三

計大學二卷，中庸四卷，論語二十卷，孟子十四卷。總目、粵刻簡目作「二十六卷」，簡目作「二十八卷」。

大學疏義一卷　宋金履祥撰　一一　六六

論語集注考證十卷孟子集注考證七卷　宋金履祥撰　一四　二一四

四書集義精要二十八卷　元劉因撰　一六　三五三

卷九、卷十、卷二十、卷二十一原闕。

○四書辨疑十五卷　元陳天祥撰　一六　三五〇

讀四書叢説四卷　元許謙撰　一三　一八五

第十七架
四層

〇四書通二十六卷　元胡炳文撰　三一八　一二四四

〇四書通證六卷　元張存中撰　一三　二〇八

四書疑節十二卷　元袁俊翁撰　一六　二七二

四書經疑貫通八卷　元王充耘撰　三　一三三

〇四書纂箋三十一卷　元詹道傳撰　二一二　九二五

總目、簡目作「二十八卷」。

〇四書通旨六卷　元朱公遷撰　一六　三二〇

四書管窺八卷　元史伯璿撰　一六　五六二

大學中庸集説啓蒙二卷　元景星撰　一三　二四七

四書大全四十卷卷首一卷　明永樂十三年勑撰　五三〇　一九八〇

計大學一卷、或問一卷，論語二十卷，孟子十四卷，中庸二卷、或問二卷。總目、杭刻粤刻簡目作「三十六卷」。

第十八架
一層

四書蒙引十六卷　明蔡清撰　三一六　一四八七

第十六卷爲别録，故總目、杭刻粤刻簡目題曰「十五卷，别附一卷」。

四書因問六卷 明吕柟撰 一四 四一七

問辨録十卷 明高拱撰 一四 一八三

論語類考二十卷 明陳士元撰 一六 三七四

孟子雜記四卷 明陳士元撰 一二 一三二

大學正説一卷中庸正説一卷 明趙南星撰 一三 一三八

總目、簡目題曰「學庸正説三卷」。

論語商二卷 明周宗建撰 二 一五一

論語學案十卷 明劉宗周撰 一八 三九六

四書留書六卷 明章世純撰 一四 一六二

杭刻簡目作「四卷」。

○**日講四書解義二十六卷** 清康熙十六年御定 三二四 一二五三

第十八架二層

四書近指二十卷　清孫奇逢撰	一	六	三五一
孟子師説二卷　清黄宗羲撰	一	二	一四四
大學翼真七卷　清胡渭撰		四	二八五
四書講義困勉録三十七卷　清陸隴其撰	三	一八	一六四四
松陽講義十二卷　清陸隴其撰	一	六	四〇〇
大學古本説一卷中庸章段一卷中庸餘論一卷論語劄記二卷讀孟子劄記二卷　清李光地撰	一	四	二五四

函面題曰「榕村四書説」，論語劄記總目作「讀論語劄記」。

論語稽求篇七卷　清毛奇齡撰		二	一四三

總目、簡目作「四卷」。

四書賸言四卷補二卷　清毛奇齡門人及其子所編	一	三	一三二
大學證文四卷大學知本圖説一卷　清毛奇齡撰		二	九九

總目大學知本圖説附存目。

		函	册	葉
四書釋地一卷續一卷又續一卷三續一卷	清閻若璩撰	一	五	三三二
總目、簡目作「三續二卷」。				
四書劄記四卷	清楊名時撰	一	一	七二
此木軒四書説九卷	清焦袁熹撰	一	四	二六五
四書逸箋六卷	清程大中撰		二	八九
鄉黨圖考十卷	清江永撰	一	五	四三三

右四書類六二部，七五九卷，内四卷原闕。三七二册，二五三七二葉。

樂類

		函	册	葉
皇祐新樂圖記三卷	宋阮逸胡瑗奉勑撰	四	一	四六
樂書二百卷	宋陳暘撰		二四	一七八一

第十八架三層

律呂新書二卷　宋蔡元定撰　二　八九

●瑟譜六卷　元熊朋來撰　一　二　八四

●韶舞九成樂補一卷　元余載撰　一　四〇

杭刻簡目作「韶舞九成樂譜」。

●律呂成書二卷　元劉瑾撰　二　一四四

苑洛志樂二十卷　明韓邦奇撰　二一二　八六八

鐘律通考六卷　明倪復撰　一　四　一八六

樂律全書四十四卷　明朱載堉撰　五三二二五四四

總目、簡目作「四十二卷」。

第十八架四層

○律呂正義上編二卷下編二卷續編一卷　清康熙五十二年御定　一　五　三九七

總目、簡目題曰「律呂正義五卷」。

○律呂正義後編一百二十八卷　清乾隆十一年勅撰　一〇六二五二四一

總目、杭刻粵刻簡目作「一百二十卷」。

右二書薈要、總目入子部。

詩經樂譜全書三十卷附樂律正俗一卷 清乾隆五十三年敕撰　四二四一八一一

杭刻簡目無此書。總目、簡目但題曰「詩經樂譜」。簡目樂律正俗自爲一部。

第十九架
一層

古樂經傳五卷 清李光地撰　一三一八五

古樂書二卷 清應撝謙撰　二一九五

聖諭樂本解説二卷 清毛奇齡撰　一一四一

皇言定聲録八卷 清毛奇齡撰　三一三八

竟山樂録四卷 清毛奇齡撰　一二九五

李氏學樂録二卷 清李塨撰　一五七

樂律表微八卷 清胡彦昇撰　一六二七九

律呂新論二卷 清江永撰　一七〇

律呂闡微十卷卷首一卷　清江永撰　一　四　二八一

琴旨二卷　清王坦撰　一　二　一三九

右樂類二二部，四九四卷，一九六册，一四七一一葉。

小學類　函　册　葉

總目小學類一

○**爾雅注疏十一卷**　晉郭璞注宋邢昺疏　一　六　四六一

總目作「十卷」。

爾雅三卷　宋鄭樵注　一　二　八一

總目、簡目題曰「爾雅注」。

●**方言注十三卷**　舊本題漢楊雄撰晉郭璞注　四　一九四

總目、簡目但題曰「方言」。

○**釋名八卷**　漢劉熙撰　一　一　七九

杭刻簡目作「四卷」。

○廣雅十卷　魏張揖撰　二　八四

匡謬正俗八卷　唐顏師古撰　一　二　八〇

○羣經音辨七卷　宋賈昌朝撰　二　一〇六

第十九架二層

○埤雅二十卷　宋陸佃撰　一　六　三五一

○爾雅翼三十二卷　宋羅願撰　一　六　五一六

駢雅七卷　明朱謀㙔撰　一　一　六七

字詁一卷　清黃生撰　一　六七

續方言二卷　清杭世駿撰　一　四二

別雅五卷　清吳玉搢撰　一　五　三三九

粵刻簡目列此書於字書之屬，注云「總目不存」，實則總目並非不存，特列於此耳。

右小學類訓詁之屬一三部，一二七卷，三九冊，二四六七葉。

總目小學類二

急就篇四卷　漢史游撰	一	四	一一二
總目題曰「急就章」。			
○説文解字十五卷　漢許慎撰	二	八	六三五
十五卷各分上下，故總目、簡目題曰「三十卷」。			
説文繫傳四十卷　南唐徐鍇撰	二一	○	八一四
説文繫傳考異四卷附録一卷　清汪憲撰	一	二	一一七
説文解字篆韻譜五卷　南唐徐鍇撰		五	二七三
○玉篇三十卷　梁顧野王撰宋大中祥符六年勑修	一	六	四二三
總目、簡目題曰「重修玉篇」。			
干禄字書一卷　唐顔元孫撰	一	一	一二
○五經文字三卷　唐張參撰		二	八二
○九經字樣一卷　唐唐元度撰		一	一八
汗簡三卷目録叙略一卷　宋郭忠恕撰	一	三	一三四

第十九架三層

佩觿三卷　宋郭忠恕撰　一　七〇

古文四聲韻五卷　宋夏竦撰　一　二　一九二

類篇四十五卷　宋司馬光撰　三一二　九八二

歷代鐘鼎彝器欵識法帖二十卷　宋薛尚功撰　一　六　三四〇

總目但題曰「鐘鼎欵識二十卷」。

復古編十一卷　宋張有撰　一　三　一三二

粵刻總目、簡目作「二卷」。

班馬字類五卷　宋婁機撰　二　八二

○**漢隸字源五卷碑目一卷**　宋婁機撰　一　六　三七二

總目、簡目題曰「六卷」。

六書故三十三卷卷首一卷　元戴侗撰　二一二一二一二

字通一卷　宋李從周撰　一　一　五二

龍龕手鑑四卷　遼僧行均撰　三　三八九

第十九架四層

杭刻簡目作「手鏡」。

六書統二十卷 元楊桓撰 三一四 一四八三

周秦刻石釋音一卷 元吾邱衍撰 一一 二九

字鑑五卷 元李文仲撰 二 九四

説文字原一卷六書正譌五卷 元周伯琦撰 三 二一

漢隸分韻七卷 不著撰人名氏 一三 一九五

六書本義十二卷 明趙撝謙撰 四 一七三

奇字韻五卷 明楊慎撰 一一 四五

古音駢字二卷續編五卷 明楊慎撰清莊履豐莊鼎鉉續 六 三六五

總目古音駢字作「一卷」。

俗書刊誤十二卷 明焦竑撰 一三 八九

字孿二卷 明葉秉敬撰 一 七三

總目、簡目作「四卷」。

第二十架一層

○**康熙字典四十二卷** 清康熙五十五年御定 七四〇 三五〇四

○**增訂清文鑑三十二卷補編四卷總綱八卷補編總綱一卷** 清乾隆三十六年勅撰 七四二 三一二〇

粵刻簡目作「補總綱二卷」。文淵閣本四十一册。

滿珠蒙古漢字三合切音清文鑑三十一卷 清乾隆四十四年勅撰 六三三 二二三二

總目、杭刻粵刻簡目作「三十三卷」。滿珠，總目、簡目均作「滿洲」。

第二十架二層

○**西域同文志二十四卷** 清乾隆二十八年勅撰 二一二 八四六

薈要、總目此書入史部。文淵閣本十册。

隸辨八卷 清顧藹吉撰 二 八 八三八

篆隸考異四卷 清周靖撰 四 一四三

總目、簡目作「二卷」。

右小學類字書之屬三六部，四七三卷，二六七册，一九八八三葉。

總目小學類三

○**廣韻五卷**　不著撰人名氏　一五　三五七

簡目題曰「原本廣韻」。

重修廣韻五卷　宋大中祥符四年陳彭年等奉勅修　一五　四〇六

○**集韻十卷**　舊本題宋丁度等奉勅撰　二一〇　六七六

●**切韻指掌圖三卷**　宋司馬光撰　一三　一〇一

第三卷檢例，元邵光祖撰。總目、簡目題曰「切韻指掌圖二卷，附檢例一卷。」

韻補五卷　宋吳棫撰　二　一五四

附釋文互注禮部韻略五卷附貢舉條式一卷　宋丁度撰　一六　三九九

第二十架三層

增修互注禮部韻略五卷　宋毛晃增注其子居正重增　一五　四九四

增修校正押韻釋疑五卷　宋歐陽德隆撰郭守正增修　一五　三二八

九經補韻一卷　宋楊伯喦撰　一　一六

五音集韻十五卷　金韓道昭撰　二一二　六八六

○古今韻會舉要三十卷　元熊忠撰　二一二　八九五

杭刻簡目無「舉要」字。

四聲等子一卷　不著撰人名氏　一　三〇

經史正音切韻指南一卷　元劉鑑撰　一　三三

洪武正韻十六卷　明洪武中勑撰　一六　四八五

杭刻簡目作「十五卷」。

古音叢目五卷古音獵要五卷古音餘五卷附録一卷　明楊慎撰　一三　一七七

古音略例一卷　明楊慎撰　一　二八

轉注古音略五卷　明楊慎撰　二　一〇四

毛詩古音考四卷　明陳第撰　一四　二二七

屈宋古音義三卷　明陳第撰　一三　一四四

○音韻闡微十八卷　清康熙五十四年勑撰　二一二　六七四

第二十架
四層

○同文韻統六卷　清乾隆十五年勅撰　一四　一七〇

○叶韻彙輯五十八卷　清乾隆十五年勅撰　二一〇　七九五

薈要、總目此書入子部。

音韻述微三十卷　清乾隆三十八年勅撰　三一二　六〇二

杭刻簡目作「一百六卷」。

音論三卷　清顧炎武撰　一一　六三

詩本音十卷　清顧炎武撰　四　二〇一

易音三卷　清顧炎武撰　一　四四

唐韻正二十卷　清顧炎武撰　二一〇　六九六

古音表二卷　清顧炎武撰　一　二五

韻補正一卷　清顧炎武撰　一一　三五

古今通韻十二卷卷首一卷　清毛奇齡撰　五　六四一

易韻四卷　清毛奇齡撰　一一　七八

孫氏唐韻考五卷　清紀容舒撰　五　二七一

總目但題曰「唐韻考」。

古韻標準四卷卷首一卷　清江永撰　一　二　二二九

右小學類韻書之屬三三部，三一五卷，一五六冊，一〇一六四葉。

附録

六藝綱目二卷附字原一卷六藝發原一卷　元舒天民撰　二　一一七

總目、簡目無附。

四庫書目考異卷二

史部

正史類

			函　冊　　葉
第一架一層	○史記一百三十卷	漢司馬遷撰褚少孫補	七四二三二一〇
總目正史類一	史記集解一百三十卷	宋裴駰撰	五二八二〇一八
第一架二層	史記索隱三十卷	唐司馬貞撰	一　六　四二四
	史記正義一百三十卷	唐張守節撰	五三〇二二〇〇
	讀史記十表十卷	清汪越撰徐克范補	一　五　四七三

史記疑問三卷　清邵泰衢撰　一　一二一
上中下三卷，總目、簡目作「一卷」。

○前漢書一百卷　漢班固撰其妹班昭續　九五四三九一四
有一卷分爲上下或上中下者，總目、簡目連子卷併算，題曰「漢書一百二十卷」，無「前」字。

第一架三層

班馬異同三十五卷　宋倪思撰　一六　五四一

○後漢書一百二十卷　宋范曄撰晉司馬彪續　七四二三一一三

補後漢書年表十卷　宋熊方撰　一四　一五二

兩漢刊誤補遺十卷　宋吴仁傑撰　四　一四五

第一架四層

○三國志六十五卷　晉陳壽撰宋裴松之注　四二四一八〇二

三國志辨誤一卷　不著撰人名氏　一一　二〇
總目、簡目、粵刻簡目作「三卷」。

三國志補注六卷附諸史然疑一卷　清杭世駿撰　五　一九〇

○晉書一百三十卷音義三卷　唐房喬等撰何超音義　九五四　三九三○

第二架一層　○宋書一百卷　梁沈約撰　六三六　二八七一

○南齊書五十九卷　梁蕭子顯撰　三一八　一一二八

第二架二層　○梁書五十六卷　唐姚思廉撰　二一二　一○○○

○陳書三十六卷　唐姚思廉撰　二一○　五六八

○魏書一百十四卷　北齊魏收撰　八四八　三五○四

第二架三層　○北齊書五十卷　唐李百藥撰　二一二　七六二

○周書五十卷　唐令狐德棻等撰　二一二　九○四

○隋書八十五卷　唐魏徵等撰　五三○　二三○一

總目正史類二　○南史八十卷　唐李延壽撰　五三二　二二五四

第二架四層　○北史一百卷　唐李延壽撰　八五○　三六三三

○舊唐書二百卷　晉劉昫等撰　一五八八　六五四二

第三架二層　○唐書二百二十五卷釋音二十五卷　宋歐陽修宋祁同撰董衡

釋音　一五九二　六六九七

總目、簡目題曰「新唐書」，杭刻簡目作「二百五十五卷」。

第三架三層　○**新唐書糾謬二十卷**　宋吴縝撰　一六　二八一

薈要、總目此書入子部。

○**舊五代史一百五十卷目録二卷**　宋薛居正等撰　六三〇　二三四六

○**五代史七十四卷**　宋歐陽修撰　三一二　一〇〇二

總目、簡目題曰「新五代史七十五卷」。

第三架四層　●**五代史纂誤三卷**　宋吴縝撰　一　六五

總目、簡目題曰「五代史記纂誤」。

○**宋史四百九十六卷目録三卷**　元托克托等撰　三一八〇　一四〇四四

第四架二層　○**遼史一百十六卷**　元托克托等撰　三二〇　一四五一

第一百十六卷爲「國語解」。

遼史拾遺二十四卷　清厲鶚撰　二一四　六七八

第四架三層　○**金史一百三十五卷**　元托克托等撰　八四八　三三二七三

第四架四層 ○**元史二百十卷** 明宋濂等撰 二 六九 五五四七

遼金元三史國語解四十六卷 清乾隆四十七年撰五十四年校上 三二 一 一〇八六

計遼史十卷，金史十二卷，元史二十四卷。總目云「乾隆四十六年敕撰」。簡目云「五十年敕撰」。簡目未注卷數，杭刻簡目未載此書。

第五架一層 ○**明史三百三十二卷目録四卷** 清乾隆四年撰成五十年校上 二〇 一四五 九八八二

總目、簡目題曰「三百三十六卷」，杭刻簡目作「三百六十卷」。

右正史類三八部，三七〇九卷，一二九二册，九四〇六二葉。

編年類 函 册 葉

第五架二層 **竹書紀年二卷** 晉汲郡古文 一 一 八一

竹書統箋十二卷　清徐文靖撰　五　二七四

○前漢紀三十卷　漢荀悅撰　一六　五六二

總目、簡目但題曰「漢紀」。

○後漢紀三十卷　晉袁宏撰　二一二　六五三

第五架三層

元經十卷　舊本題隋王通撰　一四　二三八

創業起居注三卷　唐温大雅撰　一　六七

總目題曰「大唐創業起居注」。

第六架一層

○資治通鑑二百九十四卷　宋司馬光撰元胡三省音注　二四一四四　一〇八九〇

資治通鑑考異三十卷資治通鑑釋例一卷　宋司馬光撰　二一二　六一七

釋例一卷，僅七葉，無提要，附訂於考異末册。總目、簡目釋例自爲一書，另有提要。

資治通鑑目録三十卷　宋司馬光撰　三二〇　一三五八

通鑑地理通釋十四卷　宋王應麟撰　一六　四一九

資治通鑑釋文辯誤十二卷　元胡三省撰　一六　三一五

通鑑胡注舉正一卷　清陳景雲撰　一一　一八

稽古録二十卷　宋司馬光撰　五　二五三

資治通鑑外紀十卷目録五卷　宋劉恕撰　一六　六一一

總目、簡目無「資治」字。

皇王大紀八十卷　宋胡宏撰　三一八　一五二六

第六架二層

●中興小紀四十卷　宋熊克撰　二一四　八二二

●續資治通鑑長編五百二十卷　宋李燾撰　三〇一九三　一四四九九

第六架四層

綱目續麟二十卷校正凡例一卷附録一卷彙覽三卷　二一四　一〇〇〇

明張自勳撰

綱目分注拾遺四卷　清芮長卹撰　一四　二六一

粵刻總目、簡目作「補遺」。

綱目訂誤四卷　清陳景雲撰　一　六二

第七架一層

大事記十二卷通釋三卷解題十二卷　宋吕祖謙撰　二一二　一〇二〇

●建炎以來繫年要録二百卷　宋李心傳撰　一〇七〇　五一三八

九朝編年備要三十卷　宋陳均撰　四二四　一六八四

總目題曰「宋九朝編年備要」。

第七架二層

續宋編年資治通鑑十五卷　宋劉時舉撰　一六　三一八

●西漢年紀三十卷　宋王益之撰　二二　七八八

靖康要録十二卷　不著撰人名氏　一六　五四七

總目、簡目作「十六卷」。

●兩朝綱目備要十六卷　不著撰人名氏　二八　五四〇

粵刻聚珍本總目作「國朝綱目備要」。

宋季三朝政要六卷　不著撰人名氏　四　一四八

粵刻簡目作「正要」。

宋史全文三十六卷　不著撰人名氏　六三六　三二二四

第七架三層　資治通鑑前編十八卷舉要三卷　宋金履祥撰　二一〇　八八八

總目無「資治」字。

通鑑續編二十四卷　明陳桱撰　二一二　一〇一六

大事記續編七十七卷　明王禕撰　五三〇　二一三五

第七架四層　元史續編十六卷　明胡粹中撰　一六　三〇七

此書文津閣本無提要，當係漏訂。

○歷代通鑑輯覽一百二十卷　清乾隆三十二年勅撰　二〇一〇〇　七四一三

卷一百十七至一百二十，爲明唐桂二王本末。總目、簡目題曰：「御批通鑑輯覽一百十六卷，附明唐桂二王本末三卷」。文淵閣本一百二冊。

第八架一層　○資治通鑑綱目三編四十卷　清乾隆四十年勅撰五十二年校上　三一八　一五七一

總目、簡目無「資治」字。

第八架二層　清開國方略三十二卷　清乾隆三十八年撰五十四年校上　二一四　九一九

資治通鑑後編一百八十四卷　清徐乾學撰　一〇六六　五五五九

總目提要云「此書闕第十一卷」，今閣書第十一卷具在，共二十七葉。本書提要亦不載其闕。

右編年類三七部，二〇六三卷，九〇六册，六七七四一葉。

紀事本末類

	書名	撰者	函	册	葉
第八架三層	○通鑑紀事本末四十二卷	宋袁樞撰	二	六六	五四〇七
第八架四層	○春秋左氏傳事類始末五卷附録一卷	宋章沖撰	一	六	五一九
	附録一卷，總目、簡目不載。薈要、總目此書入經部。				
	三朝北盟會編二百五十卷	宋徐夢莘撰	七	四四	三六八九
	蜀鑑十卷	宋郭允蹈撰	一	四	二三九
	炎徼紀聞四卷	明田汝成撰		二	一〇八
	○宋史紀事本末二十八卷	明陳邦瞻撰	三	一八	一四七一
	總目、簡目作「二十六卷」。				

第九架一層

○元史紀事本末四卷 明陳邦瞻撰 一四 二四八

平定三逆方略六十卷 清康熙二十一年勅撰 二一二 八二五

杭刻簡目未載此書。

親征平定朔漠方略四十八卷 清康熙四十七年撰進 四二六 一八七五

總目但題曰「親征朔漠方略」，簡目、粵刻簡目作「四十卷」。

平定金川方略三十二卷 清乾隆十三年勅撰 二一二 一〇二〇

原書本文二十六卷，第二十七卷以下爲藝文，即御製詩文一卷，諸臣紀功詩文五卷。總目作「三十八卷」。

平定準噶爾方略前編五十四卷正編八十五卷續編三十二卷 清乾隆三十七年勅撰 九四八 五一九六

總目、簡目均作「續編三十三卷」。

第九架二層

平定兩金川方略一百三十六卷卷首八卷藝文八卷 清乾隆四十六年撰五十四年校上 七五四 三三二八

第九架三層

勦捕臨清逆匪紀略十六卷　清乾隆三十九年勅撰　一五　四五四

總目、簡目題曰「一百五十二卷」。

總目、簡目但題曰「臨清紀略」。

蘭州紀略二十卷卷首一卷　清乾隆四十六年勅撰　一七　四九七

總目題曰「二十一卷」，杭刻簡目未載卷數。

石峯堡紀略二十卷卷首一卷　清乾隆四十九年撰五十四年校上　二八　六〇八

平定臺灣紀略六十五卷卷首五卷　清乾隆五十三年撰五十四年校上　四二四　一六五八

簡目、粵刻簡目題曰「二十一卷」。

總目題曰「七十卷」。

右三書簡目未載卷數，右二書杭刻簡目無。

綏寇紀略十二卷　清吴偉業撰　一六　四四三

滇考二卷　清馮甦撰　一二　二二五

第九架四層
第十架一層

書名	撰者	函	冊	葉
○明史紀事本末八十卷	清谷應泰撰	三	二〇	一八二四
繹史一百六十卷	清馬驌撰	二	七二	五七三五
左傳紀事本末五十三卷	清高士奇撰	三	二二	一〇七二

其中秦一卷，總目作「二卷」，故題曰「五十四卷」。

書名	撰者	函	冊	葉
平臺紀略一卷附東征集六卷	清藍鼎元撰	一	三	一七二

粤刻簡目作「平臺紀略十一卷」。

右紀事本末類二三部，二二四九卷，四六五冊，三六六一三葉。

別史類

書名	撰者	函	冊	葉
逸周書十卷	舊本題曰汲冢周書	一	二	一一九
●東觀漢記二十四卷	漢熹平中撰成		四	四七四
建康實録二十卷	唐許嵩撰	二	一二	七三一
隆平集二十卷	舊本題宋曾鞏撰	一	六	四〇二

古史六十卷 宋蘇轍撰 二一四 八七〇

總目、簡目作「六十五卷」。

第十架四層

○通志二百卷 宋鄭樵撰 三四一九四 一五二九五

東都事略一百三十卷 宋王稱撰 四二四 一六六二

稱，總目、簡目作「偁」。

路史四十七卷 宋羅泌撰 三一八 一二九五

重訂契丹國志二十八卷卷首一卷 宋葉隆禮撰清乾隆四十六年重訂 一六 二九一

總目作「二十七卷」，第二十八卷爲國語解，紀縉進簡目作十七卷。

第十一架一層

重訂大金國志四十一卷 舊本題宋宇文懋昭撰清乾隆重訂 一八 五一四

總目、簡目均作「四十卷」，第四十一卷爲譯改國語解。

右二書總目、杭刻粵刻簡目無「重訂」字。

古今紀要十九卷 宋黃震撰 二一二 七四一

續後漢書四十四卷音義四卷義例一卷 宋蕭常撰 二一二 六〇八

四十四卷中，帝紀二卷，年表二卷，列傳十九卷，載記二十一卷。總目作「四十七卷」，併音義義例計，而列傳作十八卷，載記作二十卷。簡目、粵刻簡目題曰「蕭氏續後漢書」。

●**續後漢書九十卷** 元郝經撰 六三五 二五三〇

卷一年表闕，卷八十八刑法闕。簡目、粵刻簡目題曰「郝氏續後漢書」。

第十一架 二層

春秋別典十五卷 明薛虞畿撰 一 六 三〇九

杭刻簡目，此處有「明李清撰南北史合注一百五卷」。

歷代紀事年表一百卷 清康熙五十一年勅撰 一九九八 七五二七

第十一架 四層

續通志六百四十卷 清乾隆三十二年撰五十年校上 三〇一八四 一四七八〇

總目、簡目均作「五百二十七卷」。

第十二架 二層

歷代史表五十三卷 清萬斯同撰 二一二 五五九

後漢書補逸二十一卷 清姚之駰撰 二一二 五五五

春秋戰國異詞五十五卷卷首二卷　清陳厚耀撰　五　二八　二〇五一

卷五十五爲摭遺，卷首爲通表。總目、簡目題曰：「五十四卷，通表二卷，摭遺一卷。」杭刻簡目題曰「五十六卷」，無卷首。

第十二架三層

尚史一百七卷　清李鍇撰　七　五五　三三五八

杭刻簡目無此書，文淵閣本四十六册。

此書初隸存目半窗史略後，後乃著録焉，據總目底本。

右別史類二〇部，一七三二卷，內二卷原闕。七四二册，五四六七一葉。

雜史類　函　册　葉

〇國語二十一卷　吴韋昭注　一　四　三六四

國語補音三卷　唐人舊本宋宋庠補　二九四

第十二架四層

○戰國策三十三卷　舊本題漢高誘注實宋姚宏校本　一七四四七

總目、簡目題曰「戰國策注」。薈要、總目此書入子部。

戰國策注十卷　宋鮑彪撰　一四五一三

總目、簡目題曰「鮑氏戰國策注」。

戰國策校注十卷　元吳師道撰　二八六二七

○貞観政要十卷　唐吳兢撰　一六四一八

渚宮舊事五卷補遺一卷　唐余知古撰　一二一〇五

東觀奏記三卷　唐裴庭裕撰　一四二

五代史闕文一卷　宋王禹偁撰　一一八

五代史補五卷　宋陶岳撰　一二八四

紀繕進簡目作「晉陶岳撰」。

北狩見聞録一卷　宋曹勳撰　一五三

松漠紀聞二卷　宋洪皓撰

書分上下二卷，總目、簡目題曰「一卷，續一卷」。

燕翼詒謀録五卷　宋王栐撰　二七八

詒，粵刻簡目作「貽」。宋王栐，紀繕進簡目作「字王栐」。

太平治跡統類三十卷　宋彭百川撰　三一八一五六一

總目、簡目題曰「太平治跡統類前集」，粵刻聚珍本總目題曰「太平治統類前集」。

●**咸淳遺事二卷**　不著撰人名氏　一一六八

●**大金弔伐録四卷**　不著撰人名氏　四一八五

●**汝南遺事四卷**　元王鶚撰　一二四九

錢塘遺事十卷　元劉一清撰　二一三七

平宋録三卷　元劉敏中撰　一四九

弇山堂別集一百卷　明王世貞撰　六四四二六一五

第十三架一層

書名	撰者	函	册	葉
革除逸史二卷	明朱睦㮮撰		一	三九
蒙古源流八卷	清乾隆四十二年譯五十四年校上	一	三	一八一

右雜史類二三部，二七三卷，一一六册，七七二七葉。

詔令奏議類

書名	撰者	函	册	葉
○**清太祖聖訓四卷**	清康熙二十五年編	一	二	七一
○**清太宗聖訓六卷**	清乾隆四年刊行		二	一一〇
○**清世祖聖訓六卷**	清康熙二十六年編		二	九二
○**清聖祖聖訓六十卷**	清雍正九年編	三	一八	一三〇三
○**清世宗聖訓三十六卷**	清乾隆五年編	二	一二	九二二

第十三架二層

書名	撰者	函	册	葉
上諭八旗十三卷上諭旗務議覆十二卷諭行旗務奏議十三卷	清雍正九年勅編	三	一四	一一六六

第十四架一層

上諭内閣一百五十九卷　清雍正九年刊行　七　四二　三〇五四

○**硃批諭旨三百六十卷**　清雍正十年校刊　三六　二二六　一五八一九

唐大詔令集一百三十卷　宋宋敏求編　四　二四　一九二二

卷十四至卷二十四，卷八十七至卷九十八，均原闕。杭刻簡目無「集」字。

第十四架二層

兩漢詔令二十三卷　西漢宋林虙編東漢宋樓昉編　一　六　二七四

右詔令奏議類詔令之屬一〇部，八二二卷，內二十三卷原闕。三四八册，二四七三三葉。

政府奏議二卷　宋范仲淹撰　一　二　一三七

包孝肅公奏議十卷　宋包拯撰　四　二〇一

盡言集十三卷　宋劉安世撰　一　四　二六三

總目、簡目無「公」字。

●**讜論集五卷**　宋陳次升撰　一　三　一三六

左史諫草一卷 宋吕午撰 一 四九

商文毅疏稿一卷 明商輅撰 一 七〇

總目、簡目作「疏稿略」。

王端毅奏議十五卷 明王恕撰 一 六 四八七

總目題曰「王端毅公奏議」。

端肅奏議十二卷 明馬文升撰 一 三 二二三

總目、簡目題曰「馬端肅奏議」。

關中奏議十八卷 明楊一清撰 二一二一一一八

總目、杭刻粤刻簡目作「十卷」。

胡端敏奏議十卷 明胡世寧撰 一 六 三七〇

楊文忠三録七卷 明楊廷和撰 二 三 二四二

總目題曰「楊文忠公三録」。

何文簡疏議十卷 明何孟春撰 八 五〇四

第十四架
三層

垂光集二卷　明周璽撰　一　一　八五

璽，紀繕進簡目作「壐」。

孫毅庵奏議二卷　明孫懋撰　二　一一八

玉坡奏議四卷續録一卷　明張原撰　二　一一

總目、簡目題曰「五卷」。

南宮奏稿五卷　明夏言撰　一　五　二六〇

訥谿奏疏一卷　明周怡撰　一　一　五五

譚襄敏奏議十卷　明譚綸撰　五　四七〇

潘司空奏疏七卷　明潘季馴撰　一　六　三六九

兩河經略四卷　明潘季馴撰　一　一一七

簡目作「六卷」。

兩垣奏議一卷　明逯中立撰　一　一　一八

周忠愍奏疏二卷　明周起元撰　一　八三

杭刻簡目作「五卷」。

張襄壯奏疏六卷　清張勇撰　　六　二八三

文襄奏疏八卷　清靳輔撰　　一　六　五四八

簡目題曰「靳文襄奏疏」。

華野疏稿五卷　清郭琇撰　　一　三　一八〇

宋名臣奏議一百五十卷　宋趙汝愚編　　八　四八　三六八一

總目、簡目題曰「諸臣奏議」。

第十四架四層

第十五架三層

歷代名臣奏議三百五十卷　明永樂十四年勅編　　三七　二三三　一六五九三

名臣經濟録五十三卷　明黄訓編　　五　三〇　二四三五

明臣奏議四十卷　清乾隆四十六年勅編　　四　三四　一三二〇

粵刻總目、簡目、杭刻簡目作「二十卷」。

右詔令奏議類奏議之屬二九部，七五五卷，四二七册，三〇五二六葉。

第十五架四層
總目傳記類一

傳記類

	函	册	葉
孔子編年五卷 宋胡仔撰	一	一	一〇八
東家雜記二卷卷首一卷 宋孔傳撰		一	七一
總目、簡目無「卷首」。			
右傳記類聖賢之屬二部，八卷，二册，一七九葉。			
○**晏子春秋八卷** 舊本題齊晏嬰撰	一	三	一二九
薈要、總目此書入子部。			
魏鄭公諫録五卷 唐王方慶撰		二	九一
李相國論事集六卷 唐蔣偕編		二	七八
杜工部年譜一卷 宋趙子櫟撰	一	一	一三
杜工部詩年譜一卷 宋魯訔撰		一	二五
紹陶録二卷 宋王質撰		一	六一

紀繕進簡目作「三卷」。

金佗稡編二十八卷續編三十卷　宋岳珂撰　二一二　八九四

佗，總目、簡目作「陀」。稡，簡目作「粹」。

象臺首末五卷附録一卷　宋胡知柔編　一二　一〇二

●**魏鄭公諫續録二卷**　元翟思忠撰　二　六八

忠貞録三卷附録一卷　明李維樾林增志同編　一　七二

諸葛忠武書十卷　明楊時偉編　一四　一八九

寧海將軍固山貝子功績録一卷附録一卷　不著撰人名氏　一　三五

朱子年譜四卷考異四卷論學切要語二卷　清王懋竑撰　一六　四一三

論學切要語，總目、簡目題曰「附録」。

右傳記類名人之屬一三部，一一五卷，三八册，二一七〇葉。

古列女傳七卷續列女傳一卷　漢劉向撰　一二　一五五

高士傳三卷　晉皇甫謐撰　一　五五

卓異記一卷　舊本題唐李翺撰　一　一四

○春秋臣傳三十卷　宋王當撰　一　四　三〇三

總目、杭刻粵刻簡目題曰「春秋列國諸臣傳」。薈要、總目此書入經部。

廉吏傳二卷　宋費樞撰　二　一二三

第十六架一層

紹興十八年同年小録一卷　宋王佐榜進士題名録　一　一　一二五

總目紹興上有「宋」字。

伊洛淵源録十四卷　宋朱熹撰　五　二二八

總目、簡目作「伊雒」。

宋名臣言行録前集十卷後集十四卷續集八卷別集二十六卷外集十七卷　宋朱熹撰李幼武續補　三二四　一六三二

總目、簡目無「宋」字。

名臣碑傳琬琰之集上二十七卷中五十五卷下二十五卷　宋杜大珪編　四二六　一六四二

卷十一原闕，卷十二闕首二葉。總目題曰「名臣碑傳琬琰集一百七卷」。

錢塘先賢祠傳贊一卷 宋袁韶撰 一 一 三一

總目無「祠」字。袁韶，紀繕進簡目作「袁紹」。

●**慶元黨禁一卷** 不著撰人名氏 一 一 五四

宋寶祐四年登科録四卷 宋文天祥榜進士題名録 一 二 一四一

總目、簡目作「一卷」，無「宋」字。

●**京口耆舊傳九卷** 不著撰人名氏 一 三 一九二

昭忠録一卷 不著撰人名氏 一 一 六二

總目傳記類二

敬鄉録十四卷 元吳師道撰 一 四 三〇八

●**唐才子傳八卷** 元辛文房撰 一 三 一六七

元名臣事略十五卷 元蘇天爵撰 一 七 三六五

總目、簡目元下有「朝」字。

第十六架
二層

浦陽人物記二卷　明宋濂撰　一一　六九

古今列女傳三卷　明永樂中解縉等奉勅撰　三　一六一

殿閣詞林記二十二卷　明廖道南撰　二一二　五八二

嘉靖以來首輔傳八卷　明王世貞撰　一四　二三三

杭刻簡目作「三十二卷」。

明名臣琬琰録二十四卷續録二十二卷　明徐紘編　二一〇　九七四

紘，紀繕進簡目作「竑」。

今獻備遺四十二卷　明項篤壽撰　一六　四二一

百越先賢志四卷　明歐大任撰　一二　七六

總目作「區大任撰」。

元儒考略四卷　明馮從吾撰　二　五八

宗室王公功績表傳十二卷卷首一卷　清乾隆四十六年撰　一七　四一九

五十四年校上

外藩蒙古回部王公表傳一百二十卷 清乾隆四十四年撰 三二一一四七九

五十四年校上

八旗滿洲氏族通譜八十卷目録二卷 清乾隆九年勅撰 四三〇一九六四

總目、簡目題曰「蒙古王公功績表傳十二卷」。

第十六架三層

勝朝殉節諸臣録十二卷 清乾隆四十一年撰五十四年校上 二一二六〇五

明儒學案六十二卷 清黄宗羲撰 五三〇二二五一

中州人物考八卷 清孫奇逢撰 六三二六

東林列傳二十二卷卷末二卷 清陳鼎撰 二一〇六〇八

卷末上下二卷，係熹宗原本本紀。總目、簡目題曰「二十四卷」。

第十六架四層

儒林宗派十六卷 清萬斯同撰 二一二三

明儒言行録十卷續編二卷 清沈佳撰 二一二九三七

續編，總目、簡目作「續録」。

史傳三編五十六卷 清朱軾撰 四二二一八一四

閩中理學淵源考九十二卷　清李清馥撰　三一八　一六四三

右傳記類總録之屬三六部，九二二卷，内一卷原闕。二九八册，二〇三二八葉。

孫威敏征南録一卷　宋滕元發撰　一　一　一〇

驂鸞録一卷　宋范成大撰　一　二六

吴船録二卷　宋范成大撰　一　五三

入蜀記四卷　宋陸游撰　一　二　九三

總目、簡目作「六卷」。

西使記一卷　元劉郁撰　一　九

保越録一卷　不著撰人名氏　一　二七

閩粤巡視紀略六卷　清杜臻撰　一　四　三五四

簡目作「閩越」。

第十七架一層

松亭行記二卷　清高士奇撰　一　五三

扈從西巡日録一卷　清高士奇撰　　一　三七

右傳記類雜録之屬九部，一九卷，一三冊，六六二葉。

史鈔類　　函　冊　葉

兩漢博聞十二卷　宋楊侃編　　一　六　三九一

通鑑總類二十卷　宋沈樞撰　　四　二四　一九五五

南史識小録八卷北史識小録八卷　清沈名蓀朱昆田同編　　一　六　三三二

右史鈔類三部，四八卷，三六冊，二六七八葉。

載記類　　函　冊　葉

○吳越春秋六卷　漢趙煜撰宋徐天祐註　　一　二　一四一

總目、簡目題曰「十卷」。

第十七架二層

越絶書十五卷　漢袁康撰	二	一二二
華陽國志十二卷附録一卷　晉常璩撰	一六	三三六
●鄴中記一卷　晉陸翽撰	一	一七
○十六國春秋一百卷　舊本題魏崔鴻撰	四二四	一五四五
別本十六國春秋十六卷　舊本亦題魏崔鴻撰	一二	一三七
●蠻書十卷　唐樊綽撰	二	七九
釣磯立談一卷　不著撰人名氏	一一	五一
江南野史十卷　宋龍袞撰	二	九七
江南別録一卷　宋陳彭年撰	一	二〇
紀縉進簡目作「四卷」。		
江表志三卷　宋鄭文寶撰	一一	三二
●江南餘載二卷　不著撰人名氏	二	二九
文淵閣本一册。		

三楚新録三卷　宋周羽翀撰　一 二一

錦里耆舊傳四卷　宋句延慶撰　一 一 五五

五國故事二卷　不著撰人名氏　一 三三

蜀檮杌二卷　宋張唐英撰　一 四八

南唐書三十卷　宋馬令撰　一 四 二六三

南唐書十八卷音釋一卷　宋陸游撰　一 四 二一九

吴越備史四卷補遺一卷　宋錢儼撰　一 二 一八二

安南志略二十卷　元黎崱撰　四 二五〇

總目題曰「十九卷」。杭刻簡目此處有「明李清撰南唐書

合訂二十五卷」。

○**十國春秋一百十四卷**　清吴任臣撰　四二 四 一七八三

附録

朝鮮史略十二卷　不著撰人名氏　一 六 三七六

第十七架三層

	函	册	葉
越史略三卷　不著撰人名氏	一	三	一一九

總目、簡目題曰「六卷」。

右載記類連附録二三部，三九二卷，九七册，五九四五葉。

時令類

	函	册	葉
歲時廣記四卷　宋陳元靚撰		一	七一
○月令輯要二十四卷圖説一卷　清康熙五十四年勅撰	三	一八	一二六九

右時令類二部，二九卷，一九册，一三四〇葉。

地理類

總目地理類一

	函	册	葉
三輔黄圖六卷　不著撰人名氏	一	二	六八
禁扁五卷　元王士點撰		一	一八四

右地理類宫殿疏之屬二部，一一卷，三册，二五二葉。

元和郡縣志四十卷 唐李吉甫撰 三一八 九九二

太平寰宇記二百卷 宋樂史撰 六三六 三〇七五

卷四、卷一百十三至卷一百十九，共八卷，闕。總目、簡目題曰「一百九十三卷」，蓋未除去卷四也。

第十七架 四層

九域志十卷 宋元豐三年王存等奉勅撰 一七 三五一

總目、簡目題曰「元豐九域志」。

輿地廣記三十八卷 宋歐陽忞撰 一六 五八五

方輿勝覽七十卷卷首一卷 宋祝穆撰 三二二一〇一三

明一統志九十卷 明天順五年李賢等奉勅撰 八四八三九六三

清一統志四百二十四卷目録二卷 清乾隆五十四年校上 三〇一五二一五〇二九

第十八架 一層

總目、粵刻杭刻簡目題曰「五百卷」。簡目題曰「四百二十八卷」。總目提要，記載至乾隆四十年止。本書提要，記載至乾隆五十三年止。

右地理類總志之屬七部，八七五卷，內八卷原闕。二八九册，二五〇〇八葉。

第十八架三層

吳郡圖經續記三卷 宋朱長文撰 一 二 一〇〇

乾道臨安志三卷 宋周淙撰 二 一〇九

三山志四十二卷 宋梁克家撰 二 一二 九八九

總目、簡目題曰「淳熙三山志」。

吳郡志五十卷 宋范成大撰 二 一二 六四六

新安志十卷 宋羅願撰 一 四 三六四

羅願，紀繕進簡目作「羅源」。

第十八架四層

剡録十卷 宋高似孫撰 三 一八八

會稽志二十卷會稽續志八卷 宋施宿等撰宋張淏續 四 二二 一〇八八

總目題曰「嘉泰會稽志、開慶續志」，簡目題曰「嘉泰會稽志、寶慶續志」。

赤城志四十卷 宋陳耆卿撰 二 一二 七五八

總目、簡目題曰「嘉定赤城志」

寶慶四明志二十一卷續志十二卷 宋羅濬撰宋梅應發劉錫同續　二一二　九七二

續志，總目、簡目題曰「開慶續志」。

海鹽澉水志八卷 宋常棠撰　一一　五六

總目、簡目無「海鹽」字。

嚴州續志十卷 宋鄭瑶方仁榮同撰　二　一二八

總目、簡目題曰「景定嚴州續志」。鄭瑶，紀繕進簡目作「鄭珤」。

第十九架
一層

景定建康志五十卷 宋周應合撰　五二八　二二九〇

咸淳臨安志一百卷 宋潛説友撰　五三〇　一九七六

卷六十四至六十六、卷九十、卷九十八至卷一百，原闕。

至元嘉禾志三十二卷 元徐碩撰　一七　五七七

總目、簡目題曰「九十三卷」。

第十九架
二層

昌國州圖志七卷　元馮復京郭薦等同撰　二　一　一〇二

總目、簡目題曰「大德昌國州圖志」。

延祐四明志二十卷　元袁桷撰　一〇　七〇八

卷九至卷十一，原闕。

齊乘六卷　元于欽撰　一　六　二四二

至大金陵新志十五卷　元張鉉撰　三一　四　一二九六

杭刻簡目作「至正金陵新志」。

無錫縣志四卷　不著撰人名氏　三　二六一

姑蘇志六十卷　明王鏊撰　五三　〇　二二四二

武功縣志三卷　明康海撰　一　二　八五

杭刻簡目作「二卷」。

朝邑縣志二卷　明韓邦靖撰　一　二二

嶺海輿圖一卷　明姚虞撰　一　六六

第十九架三層

滇略十卷 明謝肇淛撰 一六 二九五

吳興備志三十二卷 明董斯張撰 二一四 六六二

熱河志一百二十卷 清乾隆四十六年勅撰 六四二三四〇三

總目、杭刻粵刻簡目作「八十卷」。杭刻簡目作「乾隆二十一年勅撰」。

日下舊聞考一百六十卷 清乾隆三十九年勅撰 八六四四一一四

總目、杭刻粵刻簡目作「一百二十卷」。

第十九架四層

滿洲源流考二十卷 清乾隆四十三年撰五十四年校上 二 八 五九二

西域圖志四十八卷卷首四卷 清乾隆二十一年勅撰 四二四一七八二

總目、簡目題曰「五十二卷」。

○**清職貢圖九卷** 清乾隆十六年勅撰 一 八 六四三

總目此書入外紀。

第二十架一層

盛京通志一百三十卷 清乾隆四十四年撰五十四年校上 八五七四一三六

總目、粵刻簡目作「一百二十卷」。杭刻簡目作「一百卷」。

畿輔通志一百二十卷　清雍正十三年撰成　三六二　五三八九

第二十架二層

江南通志二百卷卷首四卷　清乾隆元年撰成　二一四〇　一〇〇八九

第二十架四層

江西通志一百六十二卷　清雍正十年撰成　三一三八　九七七六

第廿一架二層

浙江通志二百八十卷卷首三卷　清雍正十三年撰成　二五一五〇　一一七六七

第廿一架四層

福建通志七十八卷卷首四卷　清乾隆二年撰成　一〇六七　五二四七

第廿二架一層

湖廣通志一百二十卷卷首一卷　清雍正十一年撰成　一三七八　六三六八

第廿二架二層

河南通志八十卷　清雍正十三年撰成　一二七一　五三五二

第廿二架三層

山東通志三十六卷　清乾隆元年撰成　一〇五八　五一三八

第廿二架四層

山西通志二百三十卷　清雍正十二年撰成　二八一八四　一三八八九

第廿三架二層

陝西通志一百卷　清雍正十二年撰成　三一〇〇　一〇〇五八

第廿三架四層

甘肅通志五十卷　清乾隆元年撰成　五三四　二八四九

四川通志四十七卷卷首一卷　清乾隆元年撰成　八四八　四〇八七

第廿四架一層

廣東通志六十四卷　清雍正九年撰成　二五六　五三九一

第廿四架二層

廣西通志一百二十八卷　清雍正十一年撰成　三七八　五五六四

第廿四架三層

雲南通志二十九卷　清乾隆元年撰成　六四〇　二八四一

卷二十九分十五子卷，共十五冊。卷二十九之一至十爲文，十一以下爲詩，十五爲雜記。而書中目録則卷二十九分十子卷爲藝文，有文無詩，卷三十爲雜記。總目、簡目亦作「三十卷」。

貴州通志四十六卷　清乾隆六年撰成　六三六　二四四一

第廿四架四層

歷代帝王宅京記二十卷　清顧炎武撰　一　六　四三二

杭刻簡目此處有「清毛奇齡撰蕭山縣志刊誤三卷」。此書初著録，後隸存目，在杭志三詰三誤辨後，據底本總目。

右地理類都會郡縣之屬四八部，二八七三卷，內十卷原闕。一七八六冊，一三七五七〇葉。

總目地理類二

●**水經注四十卷**　後魏酈道元撰　三一八　一一七三

水經注集釋訂訛四十卷　清沈炳巽撰　三一八　一三六七

水經注釋四十卷刊誤十二卷附録二卷　清趙一清撰　四二四二〇七六

附録二卷，總目、簡目不載。

第廿五架 第一層

吴中水利書一卷　宋單鍔撰　一一一二七

四明它山水利備覽二卷　宋魏峴撰　一一四九

●**河防通議二卷**　元沙克什撰　二五二

●**治河圖略一卷**　元王喜撰　一一二三

浙西水利書三卷　明姚文灝撰　二一〇三

河防一覽十四卷　明潘季馴撰　二二二七四七

三吴水利録四卷　明歸有光撰　一一九四

北河紀八卷紀餘四卷　明謝肇淛撰　五四〇五

杭刻簡目作「比河」。

敬止集四卷　明陳應芳撰　一三一八〇

三吴水考十六卷　明張内蘊周大韶同撰　二一二一〇三三

吳中水利書二十八卷　明張國維撰　四二二一八七四

第廿五架二層

河源紀略三十五卷卷首一卷　清乾隆四十七年勑撰　二一六　六〇九

總目、簡目題曰「三十六卷」。杭刻簡目無此書。

崑崙河源考一卷　清萬斯同撰　一一　五八

兩河清彙易覽八卷　清薛鳳祚撰　四　二六八

總目、簡目但題曰「兩河清彙」。

居濟一得八卷　清張伯行撰　一四　二四六

治河奏績書四卷附河防述言一卷　清靳輔撰附張靄生述　一五　三一九

直隸河渠志一卷　清陳儀撰　一　四五

杭刻簡目無附。

行水金鑑一百七十五卷卷首一卷　清傅澤洪撰　九六〇四一三七

第廿五架三層

水道提綱二十八卷　清齊召南撰　一六　六二二

海塘録二十六卷卷首二卷　清翟均廉撰　二一二　九四七

右地理類河渠之屬二三部，五一二卷，二三一册，一六四五四葉。

籌海圖編十三卷　明胡宗憲撰　二　一〇　八三四

鄭開陽雜著十一卷　明鄭若曾撰　一　六　三八七

右地理類邊防之屬二部，二四卷，一六册，一二二一葉。

總目地理類三

南嶽小録一卷　唐道士李沖昭撰　一　一　一九

廬山記三卷附廬山略記一卷　宋陳舜俞撰附晉釋惠遠撰　一　一　六一

略記，總目作「記略」。舜俞、惠遠，杭刻簡目作「聖俞」、「慧遠」。

赤松山志一卷　宋道士倪守約撰　一　一　二四

第廿五架四層

西湖遊覽志二十四卷志餘二十六卷　明田汝成撰　三　一八　一一〇四

桂勝十卷附桂故八卷　明張鳴鳳撰　一　四　二八四

總目、簡目均作「桂勝十六卷」。

盤山志十六卷卷首五卷　清乾隆十九年敕撰　一　六　六五三

總目、簡目題曰「二十一卷」，紀繕進簡目作「一十一卷」。

西湖志纂十二卷　清乾隆十六年梁詩正等撰　一　五　四五九

右地理類山川之屬七部，一〇七卷，三六冊，二六〇四葉。

洛陽伽藍記五卷　後魏楊衒之撰　一　二　一〇一

後魏，紀繕進簡目作「後漢」。

吴地記一卷　舊本題唐陸廣微撰　一　二五

總目、簡目「附後集一卷」。

長安志二十卷　宋宋敏求撰　一　五　三三〇

洛陽名園記一卷　宋李格非撰　一　一四

雍録十卷　宋程大昌撰　一　四　三〇一

洞霄圖志六卷　宋鄧牧撰　三　一二一

粤刻聚珍本總目作「一卷」。

長安志圖三卷	元李好文撰	二	一	八九
汴京遺跡志二十四卷	明李濂撰		一〇	五六九
武林梵志十二卷	明吴之鯨撰	二	九	五五九
江城名跡録四卷	清陳宏緒撰		三	一六八

總目、簡目題曰「江城名跡二卷」。

營平二州地名記一卷	清顧炎武撰	一	一	五一
金鼇退食筆記二卷	清高士奇撰		一	六〇
石柱記箋釋五卷	清鄭元慶撰		二	八八
關中勝跡圖志三十二卷	清乾隆四十一年畢沅撰進	二	一二	七八五

右地理類古跡之屬一四部，一二六卷，五五册，三二六一葉。

第廿六架一層

南方草木狀三卷	晉嵇含撰	一	一	二一
荊楚歲時記一卷	梁宗懔撰		一	二八

北户録三卷　唐段公路撰　一六五
桂林風土記一卷　唐莫休符撰　一一二八
●嶺表録異三卷　唐劉恂撰　一四〇
益部方物略記一卷　宋宋祁撰　一一五
岳陽風土記一卷　宋范致明撰　一一三〇
東京夢華録十卷　宋孟元老撰　二九七
六朝事跡編類二卷　宋張敦頤撰　二一四七
會稽三賦三卷　宋王十朋撰　一一七二
中吴紀聞六卷　宋龔明之撰　三一四五
桂海虞衡志一卷　宋范成大撰　一四四
●嶺外代答十卷　宋周去非撰　一四一八八
都城紀勝一卷　不著撰人名氏　一二三
夢粱録二十卷　宋吴自牧撰　一七三一〇

梁，紀繕進簡目作「梁」。

武林舊事十卷　宋周密撰　一　二　二三四

密，紀繕進簡目作「宓」。

歲華紀麗譜一卷附牋紙譜一卷蜀錦譜一卷　元費著撰　一　一九

●**吳中舊事一卷**　元陸友仁撰　一　三一

平江記事一卷　元高德基撰　一　一　二二

江漢叢談二卷　明陳士元撰　一　五三

閩中海錯疏三卷　明屠本畯撰　一　四九

蜀中廣記一百八卷　明曹學佺撰　七四〇二九五二

益部談資三卷　明何宇度撰　一　一　四三

增補武林舊事八卷　明朱廷煥撰　六　二八五

總目此書附存目，杭刻簡目無此書。

第廿六架
二層

顏山雜記四卷　清孫廷銓撰　一　三　一三〇

杭刻簡目此處有「清周亮工撰閩小記四卷」。

嶺南風物記一卷　清吳綺撰　一　二六

總目作「嶺南風物紀」。

龍沙紀略一卷　清方式濟撰　一　三七

臺海使槎録八卷　清黄叔璥撰　一四　二四五

東城雜記二卷　清厲鶚撰　二　七八

右地理類雜記之屬二九部，二二一卷，九三册，五四五七葉。

總目地理類四

遊城南記一卷　宋張禮撰　一　一　二七

●**河朔訪古記三卷**　元納新撰　二　八四

總目、簡目題曰「二卷」。

徐霞客遊記十二卷　明徐宏祖撰　二一　二　一〇七七

右地理類遊記之屬三部，一六卷，一五册，一一八八葉。

佛國記一卷	宋釋法顯撰	一	一	四四
大唐西域記十二卷	唐釋玄奘譯辯機撰		五	三三三
宣和奉使高麗圖經四十卷附録一卷	宋徐兢撰	一	四	一九〇
●諸蕃志二卷	宋趙汝适撰		二	七八
溪蠻叢笑一卷	宋朱輔撰	一	一	一七
真臘風土記一卷	元周達觀撰		一	三二
島夷誌略一卷	元汪大淵撰		一	五七
朝鮮賦一卷	明董越撰	一	一	二三
海語三卷	明黄衷撰		一	四一
東西洋考十二卷	明張燮撰		四	二七〇
職方外紀五卷	明西洋艾儒略撰	一	一	一一一
赤雅三卷	明鄺露撰		一	六〇
朝鮮志二卷	不著撰人名氏		一	五一

第廿六架三層

書名	撰者	函	冊	葉
坤輿圖説二卷	清西洋南懷仁撰	一	一	一二六

杭刻簡目作「坤輿圖志」。

書名	撰者	函	冊	葉
異域録一卷	清圖理琛撰		一	一〇六

簡目題曰「二卷」。

書名	撰者	函	冊	葉
海國聞見録二卷	清陳倫炯撰		一	六三

炯，紀繕進簡目作「烱」。

右地理類外紀之屬一六部，九〇卷，二七冊，一六〇二葉。

職官類

書名	撰者	函	冊	葉
唐六典三十卷	唐玄宗撰李林甫注	二	一二	五六七
翰林志一卷	唐李肇撰	一	一	一四
●**麟臺故事五卷**	宋程俱撰		二	七〇
翰苑羣書十二卷	宋洪遵編		三	一四四

●**南宋館閣録十卷續録十卷**　宋陳騤撰　一五　二五四

粵刻總目、簡目作「二卷」。洪遵，紀繕進簡目作「洪邁」。

淳熙玉堂雜紀三卷　宋周必大撰　一　四五

總目、簡目無「淳熙」字。

宋宰輔編年録二十卷　宋徐自明撰　三一八　一四七五

祕書監志十一卷　元王士點商企翁同撰　一四　二〇三

杭刻簡目無「監」字。

第廿六架四層

翰林記二十卷　明黄佐撰　一四　四五〇

禮部志稿一百卷　明泰昌元年修　八四八　三五九五

總目、簡目作「一百十卷」。

太常續考八卷　不著撰人名氏　二八　六四七

土官底簿二卷　不著撰人名氏　二　一六三

第廿七架一層

詞林典故八卷　清乾隆九年勅撰　一六　四二〇

國子監志六十二卷　清乾隆四十三年敕撰　三一八　一五五二

歷代職官表七十二卷　清乾隆四十五年撰五十四年校上　六三六　二八一七

總目、粵刻簡目作「六十三卷」，杭刻簡目未載卷數。

右職官類官制之屬一五部，三七四卷，一六八册，一二四一六葉。

●**州縣提綱四卷**　不著撰人名氏　一　二　六三

官箴一卷　宋呂本中撰　一　一一

百官箴六卷　宋許月卿撰　二　九〇

杭刻簡目作「一卷」。

晝簾緒論一卷　宋胡太初撰　一　一　四二

三事忠告四卷　元張養浩撰　一　六三

人臣儆心録一卷　清順治十二年御撰　一　二〇

右職官類官箴之屬六部，一七卷，八册，二八九葉。

政書類

第廿七架二層
總目政書類一
第廿七架三層

書名	撰者	函	冊	葉
○**通典二百卷**	唐杜佑撰	一〇	六〇	四五〇四
唐會要一百卷	宋王溥撰	五	三〇	二五四八
五代會要三十卷	宋王溥撰	一	六	五四二
●**宋朝事實二十卷**	宋李攸撰	一	六	四六六
建炎雜記甲集二十卷乙集二十卷	宋李心傳撰	二	一二	七七〇
西漢會要七十卷	宋徐天麟撰	二	一二	八七五
東漢會要四十卷	宋徐天麟撰	二	一二	六四三
漢制考四卷	宋王應麟撰		一	一二八

建炎雜記：總目、簡目題曰「建炎以來朝野雜記四十卷」。

東漢會要：卷三十六刑法下，闕後葉。卷三十七方域上、三十八方域下，全闕。卷三十九蕃夷上，闕前葉。

第廿八架二層　○文獻通考三百四十八卷　元馬端臨撰　二六一六八　一二〇七八

明會典一百八十卷　明弘治十年勅撰　七四二　三六七二

七國考十四卷　明董説撰　一七　四二六

第廿八架三層　○清會典一百卷　清乾隆二十九年勅撰　四二四　一七〇八

清會典則例一百八十卷　清乾隆二十九年勅撰　二〇一二六　八七九三

杭刻簡目無「會典」字。

第廿八架四層　續文獻通考二百五十卷　清乾隆十二年撰三十七年告成　一九一二四　九四一五

總目、簡目作「二百五十二卷」。

第廿九架二層　清文獻通考三百卷　清乾隆十二年撰五十四年校上　三一一五　一二〇二三

總目、簡目作「二百六十六卷」，粵刻聚珍本總目作「三百六十六卷」。

第廿九架四層　續通典一百五十卷　清乾隆三十二年勅撰　一〇八〇　三八八四

總目、杭刻粵刻簡目作「一百四十四卷」。

第三十架一層

清通典一百卷　清乾隆三十二年撰五十四年校上　七三五　三二七〇

清通志一百二十六卷　清乾隆三十二年撰五十四年校上　六三〇　二九九七

總目、簡目作「二百卷」。

第三十架二層

元朝典故編年考十卷　清孫承澤撰　一　六　三三二

右政書類通制之屬一九部，二二六二卷，内二卷原闕。八九六册，六九〇七四葉。

總目政書類二

●漢官舊儀二卷補遺一卷　漢衛宏撰　一　三五

總目、簡目作「漢官舊儀一卷」。

大唐開元禮一百五十卷　唐蕭嵩等奉勅撰　四二四　一六八一

謚法四卷　宋蘇洵撰　一　五二

謚，紀繕進簡目作「謚」。

政和五禮新儀二百二十卷卷首一卷御製冠禮十卷目録六卷　宋鄭居中等奉勅撰　四二四　一七七三

紹熙州縣釋奠儀圖一卷　宋朱熹撰　　　一　　五一

大金集禮四十卷　金明昌六年張暐等撰　二一〇　五三〇

第三十架三層

●大金德運圖說一卷　金貞祐二年尚書省集議案牘　一　一　　二六

●廟學典禮六卷　不著撰人名氏　　　三　一七〇

明集禮五十三卷　明洪武三年徐一夔等撰　五三〇二〇八六

頖宮禮樂疏十卷　明李之藻撰　二一〇　七七一

杭刻簡目此處有「明葉秉敬撰明諡考三十卷」。

明臣諡彙考二卷　明鮑應鼇撰　二　一　　八六

明諡記彙編二十五卷　明郭良翰撰　　　六　二六七

粵刻聚珍本總目作「明諡紀彙編」。

明宮史五卷　舊本題蘆城赤隱呂毖校次　　　二　一二六

幸魯盛典四十卷　清康熙二十七年孔毓圻等撰　二一二　九八九

第三十架四層

萬壽盛典初集一百二十卷卷首一卷　清康熙五十二年編　七四二二七六二

○**清通禮五十卷**　清乾隆元年勅撰　二一三一○一四

總目、簡目無「初集」字。

杭刻簡目作「四十卷」。

○**清禮器圖式十八卷目録六卷**　清乾隆二十四年勅撰三十一年重修　三一四一八○八

第卅一架一層

○**清宮史三十六卷**　清乾隆七年勅撰　三一八一二○五

總目、簡目作「二十八卷」。

滿洲祭神祭天典禮六卷　清乾隆十二年撰四十二年譯漢　一六二八六

南巡盛典一百卷卷首二卷　清乾隆三十一年撰五十六年再續　六六二二七一七

總目、簡目作「一百二十卷」。

八旬萬壽盛典一百二十卷卷首一卷　清乾隆五十七年編　八六二三三二五

簡目未載卷數，并云「提要未撰」。杭刻簡目無此書。文津閣本卷一百十六漏訂第一葉。文淵閣本訂六十一册。

歷代建元考十卷 清鍾淵映撰　一　六　二九九

北郊配位尊西向議一卷 清毛奇齡撰　一　一　二三

總目、簡目但題曰「北郊配位議」。紀繕進簡目議作「儀」。

廟制圖考一卷 清萬斯同撰　一　一〇七

右政書類典禮之屬二四部，一〇四九卷，三五〇冊，二二一八八葉。

救荒活民書三卷拾遺一卷 宋董煟撰　一　二　一五一

拾遺一卷，總目、簡目未載。

●**熬波圖一卷** 元陳椿撰　二　一〇二

杭刻簡目無此書。

錢通三十二卷 明胡我琨撰　二一　二　八七七

琨，紀繕進簡目作「昆」。

捕蝗考一卷 清陳芳生撰　一　一　二〇

荒政叢書十卷 清俞森撰　六　三七〇

第卅一架
三層

康濟録四卷附録一卷 清倪國璉撰 一 六 三一三

總目、簡目題曰「六卷」。

右政書類邦計之屬六部，五四卷，二九册，一八三三葉。

歷代兵制八卷 宋陳傅良撰 一 二 八五

補漢兵志一卷 宋錢文子撰 一 一 三二

志，紀繕進簡目作「制」。

馬政紀十二卷 明楊時喬撰 四 二五六

八旗通志三百四十二卷目録二卷卷首十二卷 清乾隆五十一年修成於嘉慶 二八 一八〇 一二五〇〇

總目、簡目題曰「八旗通志初集二百五十卷，雍正五年勅撰，乾隆四年告成。」簡目云「乾隆五十一年又奉命纂修」。此本記載自清開國至乾隆六十年止。無文津閣寶，無避暑山莊印，無太上皇帝之寶，當非原藏閣本。其每册末葉蓋嘉慶御覽之寶，殆成於嘉慶初年，乾隆既崩以後續藏閣中，易去初集原本者也。

右政書類軍政之屬四部，三七七卷，一八七册，一二八七三葉。

第卅二架一層

唐律疏義三十卷 唐長孫無忌等奉敕撰 二 一〇 七三二

清律例四十七卷 清乾隆五年敕撰 四 一八 一五三五

右政書類法令之屬二部，七七卷，二八册，二二六七葉。

第卅二架二層

營造法式三十四卷附録一卷 宋李誡奉敕撰 一 七 五九七

○**武英殿聚珍版程式一卷** 清乾隆四十一年金簡撰進 一 一 四一

薈要、總目此書入子部。

右政書類考工之屬二部三六卷八册六三八葉

目録類

函 册 葉

總目目録類一

●**崇文總目十二卷** 宋王堯臣等奉敕撰 一 六 二九二

杭刻簡目作「二十卷」。

郡齋讀書志四卷後志二卷附志二卷　宋晁公武撰趙希弁

附志　一　六　五五一

後志末附考異四葉，故總目、簡目後志之後，有考異一卷。

遂初堂書目一卷　宋尤袤撰　一　一　一〇七

子略四卷　宋高似孫撰　一　一　六四

總目、簡目有目録一卷，提要云「卷首冠以目録」，今閣書

提要無此句。

●**直齋書録解題二十二卷**　宋陳振孫撰　二二　二　七四二

漢藝文志考證十卷　宋王應麟撰　一　二　二一五

文淵閣書目四卷　明楊士奇編　四　二三一

授經圖二十卷　明朱睦㮮撰　一　四　一九六

○**天祿琳琅書目十卷**　清乾隆四十年勅撰　一　五　四九二

千頃堂書目三十二卷　清黄虞稷撰　三一　八　一四九五

第卅二架三層

○**經義考三百卷**　清朱彝尊撰　三　七八　六二九四

右目録類經籍之屬一一部，四二三卷，一三七册，一〇六七九葉。

總目目録類二　第卅二架四層

集古録十卷　宋歐陽修撰　一　五　二七六

金石録三十卷　宋趙明誠撰　一　六　四四八

法帖刊誤二卷　宋黄伯思撰　一　一　三三

法帖釋文十卷　宋劉次莊撰　一　五七

籀史一卷　宋翟耆年撰　一　三一

隸釋二十七卷　宋洪适撰　二　一二　五八五

隸續二十一卷　宋洪适撰　一　三　二五三

絳帖平六卷　宋姜夔撰　一　九九

石刻鋪叙二卷　宋曾宏父撰　一　四四

法帖譜系二卷　宋曹士冕撰　一　一　二二

蘭亭考十二卷　宋桑世昌撰　四　一四六

蘭亭續考二卷　宋俞松撰　一　四七

寶刻叢編二十卷　宋陳思撰　二　八　六二〇

輿地碑記目四卷　宋王象之撰　一　二　一二六

簡目無「記」字。

●寶刻類編八卷　不著撰人名氏　四　二五五

古刻叢鈔一卷　明陶宗儀編　一　四八

第卅三架
第一層

名跡録六卷　明朱珪編　一　二　一二三

總目、簡目有附録一卷，此本卷六即附録。

吳中金石新編八卷　明陳暐撰　六　二五〇

金薤琳琅二十卷　明都穆撰　一　六　二五四

法帖釋文考異十卷　明顧從義撰　二　一一二

金石林時地考二卷　明趙均撰　一　一　五六

石墨鐫華八卷　明趙崡撰　四　一五四

卷七、八爲附録，總目、簡目題曰「六卷，附録二卷」。

金石史二卷　明郭宗昌撰　一一　四九

○重刻淳化閣帖釋文十卷　清乾隆三十四年勅撰　五　一八一

總目、簡目題曰「校正淳化閣帖釋文」。薈要、總目此書入子部。

求古録一卷　清顧炎武撰　一一　八三

金石文字記六卷　清顧炎武撰　六　二五三

石經考一卷　清顧炎武撰　一　三八

簡目題曰「顧氏石經考」。

石經考二卷　清萬斯同撰　一一　八八

總目、簡目作「一卷」，簡目題曰「萬氏石經考」。

來齋金石刻考畧三卷　清林侗撰　三　一八四

總目、簡目但題曰「來齋金石考」。

嵩陽石刻集記二卷　清葉封撰　　二　一四五

金石文考略十六卷　清李光暎撰　二　一〇　五三七

總目、簡目題曰「觀妙齋金石文考略」。暎，紀繕進簡目作「映」。

分隸偶存二卷　清萬經撰　一　二　一〇七

淳化祕閣法帖考正十二卷　清王澍撰　　四　二七一

竹雲題跋四卷　清王澍撰　一　二　一二九

金石經眼録一卷　清褚峻摹圖牛運震補説　　一　七九

褚，紀繕進簡目作「諸」。

石經考異二卷　清杭世駿撰　　一　五一

右目録類金石之屬三六部，二七六卷，一一三册，六二三四葉。

史評類

函　册　葉

史通二十卷　唐劉知幾撰　一　六　二八八

史通通釋二十卷附録一卷　清浦起龍撰　二一〇　六一五

第卅三架二層

○唐鑑二十四卷　宋范祖禹撰　一六　三二六

唐史論斷三卷　宋孫甫撰　一三　一一四

唐書直筆四卷　宋呂夏卿撰　一　七七

通鑑問疑一卷　宋劉羲仲撰　一一　二一

三國雜事二卷　宋唐庚撰　一　二九

●經幄管見四卷　宋曹彥約撰　二　八七

涉史隨筆一卷　宋葛洪撰　一一　三七

六朝通鑑博議十卷　宋李燾撰　四　一七三

宋大事記講義二十三卷　宋呂中撰　一六　四四九

卷五原闕。總目、簡目無「宋」字。

兩漢筆記十二卷　宋錢時撰　一四　三一〇

●舊聞證誤四卷　宋李心傳撰　一二　八七

通鑑答問五卷 宋王應麟撰　　二　一九五

歷代名賢確論一百卷 不著撰人名氏　四　二四　一六四三

歷朝通略四卷 元陳櫟撰　一　四　二三四

史纂通要十七卷 元胡一桂撰　一　六　四四三

總目、簡目題曰「十七史纂古今通要」。

第卅三架三層

學史十三卷 明邵寶撰　一　三　二二一

史糾六卷 明朱明鎬撰　　二　一五三

杭刻粵刻簡目此處有「國史考異六卷」，不著撰人姓氏。

○**通鑑綱目五十九卷** 宋朱熹撰清康熙四十六年御批　三六　六　五六〇六

○**通鑑綱目前編十八卷外紀一卷舉要三卷** 元金履祥撰

清康熙四十六年御批　三　一六　一二四五

總目、簡目作「前編一卷」。

○**續資治通鑑綱目二十七卷** 明商輅撰清康熙四十六年御批　五　二六　一九八四

總目、簡目題曰「通鑑綱目續編」。右三書總目、簡目合爲一部，同一提要，閣書分作三部，各有提要。

第卅三架四層

○評鑑闡要十二卷　清乾隆三十六年編通鑑輯覽御批　一　四　三二五

古今儲貳金鑑六卷　清乾隆四十八年勅撰　二　一四二

杭刻湖刻簡目無此書。

右史評類二四部，四〇〇卷，內一卷原闕。二〇二冊，一四八〇四葉。

四庫書目考異卷三

子部

儒家類

第一架一層
總目儒家類一

	函	冊	葉
○**家語十卷** 魏王肅注	一	五	二一四
總目、杭刻簡目題曰「孔子家語二十一卷」。			
○**荀子二十卷** 周荀況撰唐楊倞注	一	七	三六七
○**孔叢子三卷** 舊本題陳勝博士孔鮒撰	一	二	一一八
新語二卷 舊本題漢陸賈撰		一	三五

新書十卷　漢賈誼撰　一　四　一六九

○**鹽鐵論十二卷**　漢桓寬撰　一　六　三六一

杭刻簡目作「十卷」。

○**說苑二十卷**　漢劉向撰　一　七　三六〇

○**新序十卷**　漢劉向撰　一　四　一五七

○**揚子法言十卷**　漢揚雄撰宋司馬光集注　四　一六二

總目、簡目題曰「法言集注」，杭刻簡目但題曰「法言」。

○**潛夫論十卷**　漢王符撰　一　三　一四八

申鑒五卷　漢荀悦撰　一　六一

○**中論二卷**　漢徐幹撰　一　一　七三

○●**傅子一卷**　晉傅玄撰　一　三三

○**中說十卷**　舊本題隋王通撰　二　一二五

○●**帝範四卷**　唐太宗撰　一　二　六二

續孟子二卷　唐林慎思撰　一　一八

仲蒙子三卷　唐林慎思撰　一　三三

素履子三卷　唐張弧撰　一　一　二〇

家範十卷　宋司馬光撰　二　一三五

○**帝學八卷**　宋范祖禹撰　二　一〇七

儒志編一卷　宋王開祖撰　一　一　四一

總目儒家類二

太極圖説述解一卷西銘述解一卷　明曹端撰　一　三一

通書述解二卷　明曹端撰　二　七三

此書總目、簡目作「一卷」，與前書合爲一部，同一提要。

題曰：「太極圖説述解一卷，通書述解一卷，西銘述解一卷。」閣書自爲一部，另有提要。

第一架二層

張子全書十三卷拾遺一卷附録一卷　宋張載撰　二一〇　四九四

總目、簡目題曰「張子全書十四卷，附録一卷」。

注解正蒙二卷　清李光地撰　一二一五四

正蒙初義十七卷　清王植撰　二一〇五七九

二程遺書二十五卷附録一卷　宋二程門人記朱熹編次　二一〇五三六

二程外書十二卷　宋二程門人記朱熹編次　一二一四一

二程粹言二卷　宋楊時編　二一六一

公是弟子記四卷　宋劉敞撰　一一六四

總目、簡目題曰「公是先生弟子記」。

節孝語録一卷　宋徐積撰　一四四

●儒言一卷　宋晁説之撰　一三二

童蒙訓三卷　宋呂本中撰　一一五六

●省心雜言一卷　宋李邦獻撰　一三八

上蔡語録三卷　宋曾恬胡安國録朱熹删定　一五五

●袁氏世範三卷　宋袁采撰　一三八七

延平答問一卷附録一卷　宋朱熹撰　一　一　六六

近思録十四卷　宋朱熹呂祖謙同撰　一　四　二五一

近思録集注十四卷　清茅星來撰　一　六　三八四

第一架三層

近思録集注十四卷　清江永撰　一　四　二五八

雜學辨一卷附記疑一卷　宋朱熹撰　一　六三

○**小學集注六卷**　舊本題宋朱熹編明陳選注　一　四　一五九

粵刻聚珍本總目、杭刻簡目作「三卷」。

朱子語類一百四十卷卷首一卷　宋黎靖德編　三九二五三七〇

杭刻簡目作「朱子語録」。

第一架四層

●**戒子通録八卷**　宋劉清之撰　一　四　二〇四

●**知言六卷附録一卷**　宋胡宏撰　二　九七

●**明本釋三卷**　宋劉荀撰　一　三　一一六

●**少儀外傳二卷**　宋呂祖謙撰　二　八九

麗澤論説集録十卷　宋呂喬年編　一　六　三七〇

曾子全書一卷　宋汪晫編　一　五五

本書提要稱三卷，書内祇有卷一，但十二篇全。

總目、簡目題曰「曾子一卷」。

子思子一卷　宋汪晫編　一　一　四一

邇言十二卷　宋劉炎撰　二　七九

木鐘集十一卷　宋陳埴撰　一　六　三八八

經濟文衡前集二十五卷後集二十五卷續集二十二卷

舊本題宋滕珙編或題明馬季機編　三二〇　九六四

續集，總目、簡目作「二十五卷」。

第一架五層

○**大學衍義四十三卷**　宋真德秀撰　三一八　八八二

薈要、總目此書入經部。

西山讀書記甲集三十七卷乙集二十二卷丁集二卷

宋真德秀撰　八四〇　二六六二

甲集卷一原闕三葉，丙集原闕。總目、杭刻簡目題曰「讀書記六十一卷」，簡目題曰「西山讀書記六十一卷」。

心經一卷 宋真德秀撰 一 一 二八

政經一卷 舊本題宋真德秀撰 一 五七

●**項氏家說十卷附録二卷** 宋項安世撰 四 二二〇

第一架六層

先聖大訓六卷 宋楊簡撰 二 六 四七四

黄氏日鈔九十七卷 宋黄震撰 一三六四三七八一

卷八十一、卷八十九、卷九十二均原闕。總目、簡目但云闕八十一、八十九兩卷，故題曰「九十五卷」。

第二架一層

北溪字義二卷附北溪嚴陵講義一卷 宋陳淳撰 一 二 一二〇

總目、簡目但題「北溪字義二卷」。

●**準齋雜說二卷** 宋吴如愚撰 二 五〇

性理羣書句解二十三卷 宋熊節編 一 六 三九一

東宮備覽六卷	宋陳模撰	一	一	五六
模，簡目、杭刻簡目作「謨」。				
孔子集語二卷	宋薛據編		二	五八
書分上下二卷，總目作「三卷」。				
●朱子讀書法四卷	宋張洪齊熙同編	一	二	一三四
●家山圖書一卷	原本題宋朱熹撰		一	六七
總目儒家類三				
讀書分年日程三卷卷首一卷	元程端禮撰	一	三	一五七
辨惑編四卷附録一卷	元謝應芳撰		三	一一〇
總目、杭刻簡目無附録，粵刻總目、簡目有附録。				
治世龜鑑一卷	元蘇天爵撰	一	一	四一
管窺外篇二卷	元史伯璿撰		二	二〇二
內訓一卷	明成祖徐皇后撰	一	一	三九
理學類編八卷	明張孔韶撰		四	一九六

性理大全書七十卷　明永樂十三年胡廣等奉勅撰　一〇五六　二七五八

第二架二層

讀書録十一卷續録十二卷　明薛瑄撰　二一二　五四二

讀書録十一卷,總目、簡目、杭刻簡目均作「十卷」。

○大學衍義補一百六十卷卷首一卷　明邱濬撰　三六四　三六四九

薈要、總目此書入經部。

第二架三層

居業録八卷　明胡居仁撰　一四　二一七

粵刻聚珍本總目作「十二卷」。

楓山語録一卷　明章懋撰　一　四九

東溪日談録十八卷　明周琦撰　一六　二六五

困知記二卷續記二卷附録一卷　明羅欽順撰　一四　一八五

第二架四層

讀書劄記八卷　明徐問撰　一三　一四九

士翼三卷　明崔銑撰　三　一三八

總目、簡目作「四卷」,曰「前三卷述言,後一卷説象」,今本

涇野子内篇二十七卷　明吕柟撰　一　七　四六一

祇有述言，無説象。

周子抄釋二卷附録一卷　明吕柟撰　一　一　五〇

總目、簡目題曰「三卷」。

張子抄釋六卷　明吕柟撰　三　一四八

二程子抄釋十卷　明吕柟撰　一　五　二八二

朱子抄釋二卷　明吕柟撰　一　五九

中庸衍義十七卷　明夏良勝撰　四一　六　九六〇

格物通一百卷　明湛若水撰　六三　四一　七二〇

第二架五層

世緯二卷　明袁袠撰　一　一　四九

書分上下二卷。總目、簡目題曰「一卷」。

呻吟語摘二卷　明吕坤撰　二　一三七

劉子遺書四卷　明劉宗周撰　四　一四三

總目、簡目題曰：「聖學宗要一卷，學言三卷。」

人譜二卷人譜類記二卷 明劉宗周撰 一四 一八六

人譜分上下二卷，總目、簡目作「一卷」。

榕壇問業十八卷 明黃道周撰 二八 四八三

温氏母訓一卷 明温璜述 一一 一七

總目儒家類四

○資政要覽三卷序一卷 清順治十二年御定 一二 一一一

序二十七葉，訂在卷一前，總目題曰「後序」。

○庭訓格言一卷 清雍正八年御纂 一一 九九

○聖諭廣訓一卷 清康熙聖諭雍正廣訓 一一 三九

右二書薈要、總目入史部詔令類。

○日知薈説四卷 清乾隆元年御編 四 一四一

○孝經衍義一百卷卷首二卷 清順治十三年勅修康熙廿一年成 七五〇 二三五〇

薈要、總目此書入經部。

第二架六層

内則衍義十六卷　清順治十三年御定　二　八　四七一

簡目内則衍義在孝經衍義前。

○性理精義十二卷　清康熙五十六年勅撰　一　六　四三二

○朱子全書六十六卷　清康熙五十二年勅撰　二六〇　三一三八

第三架一層

○執中成憲八卷　清雍正六年勅撰　一　四　二三五

○經史講義三十卷卷首一卷目録二卷　清乾隆十四年勅編　八　三二　二三七〇

總目、簡目題曰「經史講義三十一卷」。薈要、總目此書入集部。

思辨録輯要三十五卷　清陸世儀撰　二　一二　六〇五

第三架二層

正學隅見述一卷　清王宏撰　一　一　六一

粤刻簡目作「偶見」。

雙橋隨筆十二卷　清周召撰　一　六　二八一

榕村語録三十卷　清李光地撰　三　二〇　九一四

書名	撰者	函	冊	葉
讀朱隨筆四卷	清陸隴其撰	一	四	一六一
三魚堂賸言十二卷	清陸隴其撰		三	一二四
松陽抄存二卷	清陸隴其撰	一	二	六二
讀書偶記三卷	清雷鋐撰		三	一一一

右儒家類一一三部，一六九二卷，内三卷原闕。八八八册，四八三七五葉。

兵家類

書名	撰者	函	冊	葉
握奇經一卷	舊本題風后撰	一	一	一二
六韜六卷	舊本題周呂望撰		一	六六
孫子一卷	周孫武撰		一	五〇
吴子一卷	周吴起撰			
司馬法一卷	舊本題齊司馬穰苴撰			

第三架三層

尉繚子五卷　周尉繚撰　一一三七

黃石公三略三卷　舊本題黃石公撰　一七二

簡目但題曰「三略」。

三略直解三卷　明劉寅撰

黃石公素書一卷　舊本題黃石公撰宋張商英注　一三〇

總目、簡目但題曰「素書」。

李衛公問對三卷　舊本題唐李靖撰　一一三六

太白陰經八卷　唐李筌撰　三一四四

武經總要前集二十卷後集二十卷　宋曾公亮丁度等奉勅撰　五三二一二九〇

總目、簡目題曰「武經總要四十卷」。

○虎鈐經二十卷　宋許洞撰　一四二四八

何博士備論一卷　宋何去非撰　一一八一

●守城録四卷　宋陳規撰　二五八

武編前集六卷後集四卷　明唐順之撰　三一〇　九一五

總目、簡目題曰「武編十卷」。

陣紀四卷　明何良臣撰　二　一〇一

粵刻聚珍本總目作「陣記」。

第三架四層

江南經略八卷　明鄭若曾撰　三一四　九〇八

紀效新書十八卷卷首一卷　明戚繼光撰　一　六　三七七

總目、簡目題曰「十九卷」。

練兵實紀九卷練兵雜紀六卷　明戚繼光撰　一　八　三七四

雜紀，總目、簡目題曰「雜集」。

右兵家類二〇部，一五四卷，八九冊，四七九九葉。

法家類　函　冊　葉

〇管子二十四卷　舊本題周管仲撰　二一〇　五一三

		函	冊	葉
管子補注二十四卷	明劉績撰	二	一二	五三〇
鄧子一卷	周鄧析撰		一	一三
總目、簡目題曰「鄧析子」。				
商子五卷	舊本題秦商鞅撰	二	一	六八
○韓非子二十卷	周韓非撰		一〇	三七九
總目、簡目但題曰「韓子」。				
疑獄集四卷補疑獄集六卷	晉和凝與其子㠓同撰明張景補	一	一	一二一
●折獄龜鑑八卷	宋鄭克撰		四	二一〇
棠陰比事一卷附録一卷	宋桂萬榮撰明吴訥刪補	二	一	五三

第三架五層

右法家類八部，九四卷，四〇册，一八八七葉。

農家類

		函	冊	葉
○齊民要術十卷	後魏賈思勰撰		六	三二三

農書三卷附蠶書一卷耕織二圖詩一卷　宋陳旉撰蠶書宋秦湛撰詩宋樓璹撰　一　一　六二

耕織二圖詩，簡目不載，總目附存目。

○●農桑輯要七卷　元至元十年官撰　四　一八四

紀繕進簡目作「至正十年官撰」。

●農桑衣食撮要二卷　元魯明善撰　一　四八

●農書二十二卷　元王楨撰　三一六　五五七

救荒本草八卷　明周定王朱橚撰　二　八　四九三

總目、粵刻簡目作「二卷」。

農政全書六十卷　明徐光啓撰　六四〇　一七一二

泰西水法六卷　明西洋熊三拔撰　一　二　九一

野菜博録四卷　明鮑山撰　四　二六四

第三架六層

○授時通考七十八卷　清乾隆二年勅撰　六三二　二〇九一

右農家類十部，二〇二卷，一一四册，五八二五葉。

醫家類

		函	册	葉
總目醫家類一	○**内經素問二十四卷**　唐王冰注 總目、簡目題曰「黄帝素問」。	二	四	五七九
	靈樞經十二卷　唐王冰注	一	四	二一七
	○**難經本義二卷**　周秦越人撰元滑壽注		二	一四五
第四架一層	**鍼灸甲乙經十二卷**　晉皇甫謐撰 總目、簡目題曰「甲乙經八卷」。	一	八	三九四
	金匱要略論注二十四卷　漢張機撰清徐彬注	一	四	三九八
	傷寒論注釋十卷附明理論三卷論方一卷　漢張機撰晉王叔和編金成無已注 傷寒論注釋，總目、簡目但題曰「傷寒論注」；明理論，總	一	六	三一〇

目、簡目題曰「傷寒明理論」，杭刻簡目無附。

肘後備急方八卷　晉葛洪撰　一　六　三四四

褚氏遺書一卷　舊本題南齊褚澄撰　一　一　一三

巢氏諸病源候論五十卷　隋巢元方奉詔撰　二一　四　六九二

備急千金要方九十三卷　唐孫思邈撰　六四　〇　一七九四

總目、簡目無「備急」字。

第四架二層

銀海精微二卷　舊本題唐孫思邈撰　一　二　二六八

外臺祕要方四十卷　唐王燾撰　一〇四　〇　二六〇〇

總目無「方」字。

●顱顖經二卷　不著撰人名氏　一　一　二六

銅人鍼灸經七卷　不著撰人名氏　二　六一

明堂灸經八卷　舊本題曰西方子撰　一　九三

第四架三層

●博濟方五卷　宋王衮撰　一　五　二一八

王衮，紀繕進簡目作「王袞」。

●蘇沈良方八卷　宋沈括撰後人附以蘇軾説　二　一二一

壽親養老新書四卷　宋陳直撰後三卷元鄒鉉撰　一　三　二六九

●脚氣治法總要二卷　宋董汲撰　一　一　四一

●旅舍備要方一卷　宋董汲撰　一　一　二三

素問入式運氣論奧三卷附黄帝内經素問遺篇一卷　宋劉温舒撰　三　一五四

●傷寒微旨論二卷　宋韓祇和撰　一　一　六五

總目、簡目無「論」字。

傷寒總病論六卷附音訓一卷修治藥法一卷　宋龐安時撰　四　一七六

簡目、杭刻簡目作「傷寒總病論九卷」。

聖濟總録纂要二十六卷　宋政和中勑編清程林刪訂　三　二〇　一〇五二

證類本草三十卷　宋唐慎微撰　七　二三　二一五四

第四架四層

●**全生指迷方四卷**　宋王貺撰　二　九四

小兒衛生總微論方二十卷　宋嘉定間太醫局刻不著撰人名氏　二一二　六三六

類證普濟本事方十卷　宋許叔微撰　一五　一七七

太平惠民和劑局方十卷指南總論三卷　舊本題宋陳師文奉勅編　二一〇　五五二

杭刻簡目，劑作「濟」，無指南總論。粵刻總目、簡目、杭刻簡目，此處有「衛生十全方三卷，奇疾方一卷」，爲永樂大典本，今閣中無此書。

傳信適用方四卷　宋吴彦夔撰　一二　一三一

總目、簡目題曰「二卷」。此書卷四附夏子益治疾奇方三十八道，共九葉。

●**衛濟寶書二卷**　舊本題東軒居士撰不著名氏　一　四二

醫説十卷　宋張杲撰　一六　四一〇

鍼灸資生經七卷　宋王執中撰　一四　三三八

婦人大全良方二十四卷　宋陳自明撰　二一四　六七六

太醫局諸科程文格九卷　南宋時考試醫學之文　一五　二二九

總目、簡目但題曰「太醫局程文」。

第四架五層

●產育寶慶集二卷　不著撰人名氏　一　六四

總目、簡目均作「產育寶慶方」。

三因極一病證方論十八卷　宋陳言撰　二一四　五四二

●集驗背疽方一卷　宋李迅撰　一一　三〇

濟生方八卷　宋嚴用和撰　三　一五一

●產寶諸方一卷　不著撰人名氏　一　三六

仁齋直指二十六卷附傷寒類書活人總括七卷　宋楊士瀛撰　明朱崇正附遺　五二四　一二五三

●急救仙方六卷　不著撰人名氏　二　七三

杭刻簡目作「救急」。

素問元機原病式一卷 金劉完素撰 一一八一

宣明論方十五卷 金劉完素撰 三二〇四

總目、簡目、杭刻簡目均題曰「宣明方論」。

傷寒直格論方三卷傷寒標本二卷傷寒心要一卷

傷寒心鏡一卷 舊本題金劉完素撰 一二一八〇

總目、簡目題曰：「傷寒直格方三卷，傷寒標本心法類萃二卷。」

保命集三卷 金張元素撰 三一八五

總目題曰「病機氣宜保命集」，粵刻簡目題曰「素問病機氣宜保命集」。

儒門事親十五卷 金張從正撰 二一〇五〇七

內外傷寒辯惑論三卷 金李杲撰 一一七〇

總目無「寒」字。

脾胃論三卷 金李杲撰 三一三二

蘭室祕藏六卷　金李杲撰　一　三　二二五

總目、簡目、粵刻簡目作「三卷」。

此事難知二卷　元王好古撰　　二　一一三

醫壘元戎十二卷　元王好古撰　二一　二　五四〇

湯液本草三卷　元王好古撰　一　三　二〇三

第四架六層

●瑞竹堂經驗方五卷　元沙圖穆蘇撰　　二　八二

世醫得效方二十卷　元危亦林撰　四一　八　一一三二

格致餘論一卷　元朱震亨撰　一　一　七六

總目、簡目作「一卷」。

局方發揮一卷　元朱震亨撰　　一　四三

金匱鉤玄三卷　元朱震亨撰　　三　一一〇

○扁鵲神應鍼灸玉龍經一卷　元王國端撰　一　一　八六

國端，杭刻簡目作「國瑞」。

第五架一層

外科精義二卷　元齊德之撰　二　一二三

脈訣刊誤集解二卷附録一卷　元戴起宗撰　一　二　一四五

總目、簡目題曰「脈訣刊誤二卷，附録二卷」。撰者戴起宗，總目作「戴啓宗」。

醫經溯洄集二卷　元王履撰　二　八七

簡目、粤刻總目、簡目均作「一卷」。

普濟方四百二十六卷　明周定王朱橚撰　五〇　三〇〇　二三五六〇

粤刻總目、杭刻簡目作「一百六十八卷」。

第五架五層

玉機微義五十卷　明徐用誠撰　四　一六　一一〇九

仁端録十六卷　明徐謙撰　二　一六　六二五

薛氏醫案七十七卷　明薛己撰　八　六二　三一八二

總目、簡目作七十八卷。其中陳自明婦人良方二十三卷，總目作「二十四卷」，故總數多一卷。

第五架六層

推求師意二卷　明戴原禮撰　一　二　七四

簡目此書在普濟方後。

鍼灸問答三卷　明汪機撰　三　一三六

總目、簡目均作「鍼灸問對」。

外科理例七卷附方一卷　明汪機撰　一六　四〇八

石山醫案三卷附録一卷　明陳桷編　一四　一六六

總目、杭刻簡目無「附録」。簡目、粵刻簡目作「附案」。

名醫類案十二卷　明江瓘編　三　一二　九七六

赤水元珠三十卷　明孫一奎撰　七　三〇　二〇八六

醫旨緒餘二卷　明孫一奎撰　一　二　一八六

第六架一層

證治準繩一百二十卷　明王肯堂撰　二〇　一二〇　六九八一

第六架三層

本草綱目五十二卷　明李時珍撰　一四　六四　三七八五

第六架四層

奇經八脈考一卷　明李時珍撰　一　四三

瀕湖脈學一卷　明李時珍撰　一　四一

傷寒論條辨十一卷　明方有執撰　一六三〇八

第九卷爲本草鈔，第十卷爲或問，第十一卷爲痙書。總目、簡目題曰：「八卷，附本草鈔一卷，或問一卷，痙書一卷。」

先醒齋廣筆記四卷　明繆希雍撰　一四二四八

神農本草經疏三十卷　明繆希雍撰　四一四一二〇

類經三十二卷類經圖翼十一卷類經附翼四卷　明張介賓撰　七四〇一八九五

總目、簡目但題「類經三十二卷」。

第六架五層

景岳全書六十四卷　明張介賓撰　二五四三三一九

第六架六層

温疫論二卷補遺一卷　明吴有性撰　一二一三五

痎瘧論疏一卷　明盧之頤撰　一一六六

本草乘雅半偈十卷　明盧之頤撰　二一〇六四〇

○醫宗金鑑九十卷　清乾隆四年勑撰　一六八〇四三三一

第七架二層

尚論篇四卷卷首一卷後篇四卷　清喻昌撰　二　八　五二九

總目作「乾隆十四年撰」。

總目、杭刻簡目題曰「尚論篇八卷」。

醫門法律十二卷附寓意草四卷　清喻昌撰　三一六　八九四

粵刻總目作「六卷附一卷」，粵刻簡目作「十二卷附一卷」。

傷寒舌鑑一卷　清張登撰　一　一　六八

傷寒兼證析義一卷　清張倬撰　一　八七

絳雪園古方選注十七卷　清王子接撰　一　六　三一〇

第十七卷爲得宜本草。簡目題曰「十六卷，附得宜本草一卷」。總目題曰「三卷，附得宜本草一卷」。

續名醫類案六十卷　清魏之琇撰　七二八　二一九八

蘭臺軌範八卷　清徐大椿撰　一　八　四〇一

第七架三層

神農本草經百種録一卷　清徐大椿撰　一　一　四五

書名	函	冊	葉
傷寒類方二卷 清徐大椿撰		二	一〇四
粵刻總目、簡目作「一卷」。			
醫學源流論二卷 清徐大椿撰		二	一二八

右醫家類九六部，一八五一卷，一三一二冊，八二一四九葉。

天文算法類

總目天文算法類一

書名	函	冊	葉
○●**周髀算經二卷音義一卷** 舊本題漢趙君卿注李籍音義	一	二	一五〇
○**新儀象法要三卷** 宋蘇頌撰		二	一〇〇
六經天文編二卷 宋王應麟撰		二	一七一
●**革象新書五卷** 元趙友欽撰	一	三	九九
總目、簡目題曰「原本革象新書」。			
重修革象新書二卷 明王禕刪元趙氏本		一	六九
七政推步七卷 明貝琳撰	一	四	二四〇

聖壽萬年曆五卷律曆融通四卷附音義一卷　明朱載堉撰　一七　四一〇

總目、簡目題曰「聖壽萬年曆八卷，附律曆融通四卷」，無音義。

古今律曆考七十二卷　明邢雲路撰　五三二　一四六六

第七架四層

乾坤體義三卷　明利瑪竇撰　一二　七三

總目、簡目作「二卷」。

表度説一卷　明西洋熊三拔撰　一　七八

簡平儀説一卷　明熊三拔撰

天問略一卷　明西洋陽瑪諾撰　一　五四

新法算書一百卷　明徐光啓龍華民等同撰　二三八　三四六九

第七架五層

測量法義一卷測量異同一卷句股義一卷　明徐光啓撰　一　七〇

渾蓋通憲圖説二卷卷首一卷　明李之藻撰　一二　二一一

圜容較義一卷　明李之藻撰　一　三三

曆體略三卷　明王英明撰　一　九三

○曆象考成上編十六卷下編十卷表十六卷　清康熙五十二年御定　八二六　二〇四九

總目、簡目題曰「四十二卷」，簡目、杭刻簡目作「康熙十三年御撰」。文淵閣本二十七冊。

○曆象考成後編十卷　清乾隆二年勅撰　二八　七七七

第七架六層

○儀象考成三十卷卷首二卷　清乾隆九年勅撰　三一六　八七七

總目、簡目題曰「三十二卷」。

曉庵新法六卷　清王錫闡撰　一三　一五一

中星譜一卷　清胡亶撰　一　六〇

天經或問前集四卷　清游藝撰　一三　一四六

粵刻聚珍本總目、杭刻簡目作「一卷」。

天步真原一卷　清薛鳳祚撰　一　二六

天學會通一卷　清薛鳳祚撰　一　二二

第八架一層

曆算全書六十卷　清梅文鼎撰　七　二六　二五九八

大統曆志八卷　清梅文鼎撰　一　四　二六四

總目、簡目、杭刻簡目作「十七卷」。總目、杭刻簡目題曰「大統書志」，粵刻總目、簡目作「八卷附録一卷」。

勿庵曆算書記一卷　清梅文鼎撰　一　一　六二

中西經星同異考二卷　清梅文鼏撰　一　一　六四

總目作一卷，粵刻杭刻簡目作「梅文鼐撰」，紀繕進簡目作「梅文鼎撰」。

全史日至源流三十卷卷首二卷　清許伯政撰　四　二八　一一七七

總目、杭刻簡目作「三十三卷」，簡目作「三十二卷」。

數學八卷續一卷　清江永撰　一　三　三一六

總目、簡目均題曰「算學」。

右天文算法類推步之屬三一部，四二九卷，二二二冊，一五二七五葉。

九章算術九卷音義一卷　不著撰人名氏　二　三　二六三

總目、簡目無音義。

●**孫子算經三卷**　不著撰人名氏　一　四〇

數術記遺一卷　舊本題漢徐岳撰　一　一　三三

粵刻總目、簡目均作「術數記遺」。

●**海島算經一卷**　晉劉徽撰唐李淳風注

●**五曹算經五卷**　不著撰人名氏　一　二五

○**五經算術二卷**　北周甄鸞撰　二　六一

簡目作「五卷」。

●**夏侯陽算經三卷**　舊本題夏侯陽撰　一　一　四四

張邱建算經三卷　不題撰人時代　二　九三

緝古算經一卷　唐王孝通撰　一　三七

數學九章十八卷　宋秦九韶撰　二一　二　五六六

測圓海鏡十二卷　元李冶撰　一　四　二四二

第八架二層

●**測圓海鏡分類釋術十卷**　明顧應祥撰　二　二二九

兩測圓海鏡，紀繕進簡目均作「測圖海鏡」。

●**益古演段三卷**　元李冶撰　一　二　一二一

總目、簡目、杭刻簡目作「二卷」。

弧矢算術一卷　明顧應祥撰　一　六四

同文算指前編二卷通編八卷　明李之藻演利瑪竇法　一　五　三九九

幾何原本六卷　西洋歐几里得撰明利瑪竇譯　一　四　三三一

杭刻簡目作「薩几里得撰」。

○**數理精蘊上編五卷下編四十卷表八卷**　清康熙五十二年御定　三　五〇　三九一四

總目、簡目題曰「五十三卷」，杭刻簡目作「康熙十三年撰」。

第八架三層

幾何論約六卷卷末一卷　清杜知耕撰　二　一八七

總目、簡目均作「七卷」。

數學鑰六卷　清杜知耕撰　一　六　二八一

數度衍二十三卷卷首一卷附録一卷　清方中通撰　二　八　六六五

總目作「二十四卷」，無卷首，無附録。簡目作「二十三卷」，有附録，無卷首。

句股引蒙五卷　清陳訏撰　一　二　一五一

句股矩測解原二卷　清黃百家撰　一　二六

少廣補遺一卷　清陳世仁撰　一　三九

莊氏算學八卷　清莊亨陽撰　一　四　二六五

九章録要十二卷　清屠文漪撰　一　五　二二一

右天文算法類算書之屬二五部，二〇九卷，一二一册，八二九七葉。

術數類

		函	冊	葉
◯**太玄經十卷**（總目術數類一　第八架四層）	漢揚雄撰晉范望注	一	四	二〇一
太玄本旨九卷	明葉子奇撰	一	五	一九四
杭刻簡目作「五卷」。				
元包經傳五卷附元包數總義二卷	北周衛元嵩撰宋張行成總義	一	二	八七
總目、簡目無「經傳」字。北周，紀繕進簡目作「後周」。				
潛虛一卷附潛虛發微論一卷	宋司馬光撰	一	一	五四
皇極經世書十四卷	宋邵雍撰	六	二五	一五八〇
總目、簡目作「十二卷」，杭刻「簡目」無「書」字。				
●**皇極經世索隱二卷**	宋張行成撰		二	七一
●**皇極經世觀物外篇衍義九卷**	宋張行成撰	一	八	三一一

第八架五層

●**易通變四十卷** 宋張行成撰 三二二 九八四

觀物篇解五卷附皇極經世解起數訣一卷 宋祝泌撰 一五 四六八

皇極經世書解十四卷卷首二卷 清王植撰 三一六 八〇四

總目無卷首，簡目作「十六卷」，杭刻簡目作「皇極經世解八卷」。

易學一卷 宋王湜撰 一一 四九

杭刻簡目作「二卷」。

●**洪範皇極内篇五卷** 宋蔡沈撰 二 一〇七

總目、簡目、杭刻簡目作「内外篇」。

天原發微五卷篇目名義一卷問答節要一卷 宋鮑雲龍撰 二一〇 五七五

總目祇題「五卷」，簡目作「七卷」。

●**大衍索隱三卷** 宋丁易東撰 一三 一一一

○**易象圖説内篇三卷外篇三卷** 元張理撰 二 一一九

三易洞璣十六卷　明黄道周撰　一　六　四九六

右術數類數學之屬一六部，一五三卷，一一四册，六二一一葉。

靈臺祕苑十五卷　北周庾季才撰　一　四　三〇八

紀繕進簡目，北周作「後周」，庾作「庚」。

唐開元占經一百二十卷　唐瞿曇悉達奉勑撰　六三八　一六九五

右術數類占候之屬二部，一三五卷，四二册，二〇〇三葉。

總目術數類二

黄帝宅經二卷　舊本題黄帝撰　一　一　一九

總目、簡目但題曰「宅經」。

葬書一卷　舊本題晉郭璞撰　一　五四

撼龍經一卷疑龍經一卷葬法倒杖一卷　舊本題唐楊筠松撰　一　八七

青囊序一卷青囊奥語一卷　舊本題唐楊筠松撰弟子曾文辿序　一　一　五四

總目、簡目「青囊奥語」在前。

天玉經四卷 舊本題唐楊筠松撰

總目、簡目題曰「天玉經内傳三卷，外編一卷」。

靈城精義二卷 舊本題南唐何溥撰 一七八

催官篇二卷 宋賴文俊撰 一七一

二卷，紀繕進簡目作「二本」。

發微論一卷 宋蔡元定撰 一一一四

右術數類相宅相墓之屬八部，一七卷，七冊，三七七葉。

靈棋經二卷 舊本題漢東方朔撰 二一四五

焦氏易林四卷 漢焦延壽撰 一四三三〇

總目、簡目但題曰「易林」。簡目作「十六卷」。

○**京氏易傳三卷** 漢京房撰吴陸績注 一六一

六壬大全十二卷 不著撰人名氏 二一〇七三七

卜法詳考八卷 清胡煦撰 一五二五三

第八架六層

總目、簡目題曰「四卷」。

右術數類占卜之屬五部，二九卷，二二册，一五二六葉。

●**李虛中命書三卷**　舊本題鬼谷子撰唐李虛中注　一　一　五二

●**玉照定真經一卷**　舊本題晉郭璞撰張顒注　一　二九

星命溯源五卷　不著編輯者名氏　二　一一五

溯源，紀繕進簡目作「淵源」。

第九架一層

●**珞琭子賦注二卷**　宋徐子平撰　一　一　三八

總目、簡目題曰「徐氏珞琭子賦注」。

●**珞琭子三命消息賦二卷**　宋釋曇瑩撰注　二　一〇〇

總目、簡目賦下有「注」字。

●**三命指迷賦一卷**　舊本題宋岳珂補注　一　二八

●**星命總括三卷**　舊本題遼耶律純撰　一　三　八七

演禽通纂二卷　不著撰人名氏　二　九三

星學大成三十二卷　明萬民英撰　四二　二　一二六一

總目作「十卷」，簡目作「三十卷」。

三命通會十二卷　不著撰人名氏　四一　二　一三五七

●**月波洞中記二卷**　原稱老君記於太白山月波洞　一　一　三六

●**玉管照神局三卷**　舊本題南唐宋齊邱撰　三　八六

●**太清神鑑六卷**　舊本題後周王朴撰　一　三　一二二

●**人倫大統賦二卷**　金張行簡撰　二　六一

總目、簡目作「一卷」。

右術數類命書相書之屬一四部，七六卷，五六册，三四六五葉。

第九架二層

太乙金鏡式經十卷　唐王希明奉勅撰　一　二　一二一

遁甲演義四卷　明程道生撰　二　一五一

總目、簡目作「二卷」。

書名	撰者	函	冊	葉
禽星易見一卷	明池本理撰	一	一	五一
星曆考原六卷	清康熙五十二年御定	一	四	二二九
協紀辨方書三十六卷	清乾隆四年奉勅撰	五	三六	一七〇八

右術數類陰陽五行之屬五部，五七卷，四五冊，二二六〇葉。

藝術類

總目藝術類一

書名	撰者	函	冊	葉
古畫品録一卷	南齊謝赫撰	一	一	二六
書品一卷	梁庾肩吾撰			
續畫品一卷	舊本題陳姚最撰			
貞觀公私畫史一卷	唐裴孝源撰		一	三七
書譜一卷	唐孫過庭撰			
書斷三卷	唐張懷瓘撰		一	七七

述書賦二卷　唐竇臮撰竇蒙注　一一四五

歷代名畫記十卷　唐張彦遠撰　一三一五三

法書要録十卷　唐張彦遠撰　一六三四〇

總目此書在歷代名畫記前。

唐朝名畫録一卷　唐朱景元撰　一一二五

墨藪二卷附法帖音釋刊誤一卷　舊本題唐韋續撰　二八二

音釋，總目、簡目作「釋文」。

畫山水賦一卷附筆法記一卷　舊本題唐荆浩撰　一九

思陵翰墨志一卷　宋高宗撰　一一一一

總目無「思陵」字。

五代名畫補遺一卷　宋劉道醇撰　一二〇

宋朝名畫評三卷　宋劉道醇撰　一五九

益州名畫録三卷　宋黄休復撰　一一五五

第九架三層

圖畫見聞誌六卷　宋郭若虛撰　二　一二三

林泉高致集一卷附録一卷　舊本題宋郭熙撰　一　三八

總目無附録，簡目有「山水訣一卷」，即附録中之一篇。

墨池編六卷　宋朱長文撰　二　六　六三六

德隅齋畫品一卷　宋李廌撰　一　一　一五

畫史一卷　宋米芾撰　一　九七

書史一卷　宋米芾撰

總目、簡目，書史在畫史前。

寶章待訪録一卷　宋米芾撰　一　二八

海岳名言一卷　宋米芾撰

宣和畫譜二十卷　不著撰人名氏　一　六　二七二

宣和書譜二十卷　不著撰人名氏　一　四　二一〇

山水純全集一卷　宋韓拙撰　一　二七

廣川書跋十卷　宋董逌撰　一　四　二一一

廣川畫跋六卷　宋董逌撰　一　三　一一一

畫繼十卷　宋鄧椿撰　二　九五

續書譜一卷　宋姜夔撰　二　一　一七

●**寶真齋法書贊二十八卷**　宋岳珂撰　六　六五九

書苑菁華二十卷　宋陳思撰　一　八　三七六

書小史十卷　宋陳思撰　一　二　一五〇

書録三卷外篇一卷　宋董更撰　一　六三

總目、杭刻簡目無外篇。總目題曰「董史撰，史字更良」云。

第九架四層

●**竹譜十卷**　元李衎撰　一　五　一九六

畫鑒一卷　元湯垕撰　一　四三

●**衍極二卷**　元鄭杓撰　一　一　七二

杓，簡目作「杓」。

總目藝術類二

法書考八卷　元盛熙明撰　二　一二二

圖繪寶鑑六卷補遺一卷續編一卷　元夏文彦撰明韓昂續　一　四　一九一

總目、簡目作「五卷」，有續編，無補遺。

寓意編一卷　明都穆撰　一　一八

書史會要九卷補遺一卷續書史會要一卷　明陶宗儀撰朱謀垔續　一　五　四〇八

簡目此書在寓意編前。文淵閣本此書訂三册。

珊瑚木難八卷　明朱存理撰　二　八　五〇八

鐵網珊瑚十六卷　明趙琦美編舊本題明朱存理撰　三一　六一　一二五

總目、簡目題曰「趙氏鐵網珊瑚」，粵刻簡目作「十八卷」。

墨池璅録三卷　明楊慎撰　一　一　二七

總目作「四卷」，簡目作「六卷」。璅，總目、簡目作「瑣」，紀繕進簡目作「鎖」。

書畫跋跋三卷續三卷　明孫鑛撰　三　二六四

書訣一卷　明豐坊撰　一一六八

繪事微言二卷　明唐志契撰　二一〇二

總目作「一卷」，粵刻總目、簡目作「四卷」。

書法雅言一卷　明項穆撰　一一三九

寒山帚談二卷拾遺一卷附録一卷　明趙宧光撰　一二一三四

書法離鉤十卷　明潘之淙撰　一二一二九

畫史會要五卷　明朱謀垔撰　一五三五八

書畫題跋記十二卷續記十二卷　明郁逢慶編　二一四七一三

總目、簡目題曰「郁氏書畫題跋記」。

第九架五層

清河書畫舫十二卷附録一卷　明張丑撰　四二〇九六八

粵刻聚珍本總目作「清河畫舫」。

真跡日録五卷　明張丑撰　一五一八六

總目題曰「真跡日録一卷，二集一卷，三集一卷」。簡目題曰「真跡日録五卷，二集一卷，三集一卷」。

清河書畫表一卷　明張丑撰　一　二四

法書名畫見聞表一卷　明張丑撰　一　一八

南陽法書表一卷南陽名畫表一卷　明張丑撰

珊瑚網四十八卷　明汪珂玉撰　五二四　一八四二

珂，總目作「砢」。

第九架六層　○**書畫譜一百卷卷首一卷**　清康熙四十七年御定　一六九六　五八九二

總目、簡目題曰「佩文齋書畫譜」。

第十架一層　**祕殿珠林二十四卷**　清乾隆九年勅撰　一八　五九七

石渠寶笈四十四卷　清乾隆九年勅撰　七二八　二二四九

粵刻總目作「乾隆十九年撰」。

杭刻簡目此處有「清周亮工撰讀畫録四卷」。

第十架二層　**庚子銷夏記八卷**　清孫承澤撰　一四　一九五

杭刻簡目此處有「清吴其貞撰書畫記六卷」。

繪事備考八卷 清王毓賢撰 一 六 四一八

文淵閣本分訂十册。

書法正傳十卷 清馮武撰 一 四 二七六

江村銷夏録三卷 清高士奇撰 一 三 二二〇

書畫彙考六十卷 清卞永譽撰 一六 五八 四八五二

總目、簡目題曰「式古堂書畫彙考」。

第十架三層

南宋院畫録八卷 清厲鶚撰 一 四 二〇七

六藝之一録四百六十六卷續編十四卷 清倪濤撰 二六 一六八 一二六七二

總目、粵刻簡目作「續編十二卷」，杭刻簡目無續編。

第十架六層

小山畫譜二卷 清鄒一桂撰 一 一 九四

傳神祕要一卷 清蔣驥撰

右藝術類書畫之屬七一部，一〇七三卷，五七六册，三九二九四葉。

琴史六卷　宋朱長文撰　一　一三四

松絃館琴譜二卷　明嚴澂撰　一　二〇九

粵刻簡目作「一卷」。

松風閣琴譜二卷卷首一卷抒懷操一卷　清程雄撰

琴譜合璧十八卷　清和素譯明揚掄撰太古遺音　三一八　六四一

簡目題曰「繙譯琴譜」，粵刻簡目作「琴譜全璧」。此書乾隆五十四年校上，杭刻簡目未載。

右藝術類琴譜之屬四部，三〇卷，二〇册，九八四葉。

學古編一卷附録一卷　元吾邱衍撰　一　一　二五

杭刻簡目此處有「清周亮工撰印人傳三卷」。

印典八卷　清朱象賢撰　四　二四六

右藝術類篆刻之屬二部，一〇卷，五册，二七一葉。

羯鼓録一卷　唐南卓撰　一　四〇

樂府雜録一卷　唐段安節撰

●**棋經一卷**　宋晏天章撰　一　一　一八

總目、簡目題曰「元元棋經」。

●**棋訣一卷**　宋劉仲甫撰

右藝術類雜技之屬四部，四卷，二册，五八葉。

譜録類　函　册　葉

古今刀劍録一卷　梁陶宏景撰　一　一　二四

鼎録一卷　舊本題梁虞荔撰

嘯堂集古録二卷　宋王俅撰　四　一〇八

上下二卷中又各分上下子卷。

考古圖十卷續考古圖五卷釋文一卷　宋呂大臨撰　一　五　五五九

簡目、杭刻簡目作「呂大防撰釋文一卷」，杭刻簡目作「釋音五卷」。

重修宣和博古圖三十卷 宋王黼撰 四 一八 一三六〇

總目、簡目無「重修」字。

宣德鼎彝譜八卷 明吕震等奉勅編 二 九七

〇西清古鑑四十卷 清乾隆十四年勅撰 七 二八 二三 九四

薈要、總目此書入史部。

奇器圖説三卷諸器圖説一卷 明西洋鄧玉函明王徵撰 一 三 二九四

杭刻簡目作「奇器圖説一卷」。

第十一架
第一層

文房四譜五卷 宋蘇易簡撰 一 二 一二〇

硯史一卷 宋米芾撰 一 五六

歙州硯譜一卷 宋唐積撰

簡目此書在硯史前。

歙硯説一卷辨歙石記一卷 不著撰人名氏

端溪硯譜一卷 不著撰人名氏

硯譜一卷　不著撰人名氏

硯箋四卷　宋高似孫撰　二　六九

西清硯譜二十四卷卷首一卷　清乾隆四十三年敕撰　三一　二　九三四

總目題曰「二十五卷」，簡目題曰「二十四卷」，然無卷首。

墨譜法式三卷　宋李孝美撰　一　一　五一

總目、簡目但題曰「墨譜」。

墨經一卷　宋晁季一撰

墨史二卷　元陸友撰　一　四三

○●**墨法集要一卷**　明沈繼孫撰　一　五一

第十一架
二層

○**錢録十六卷**　清乾隆十五年敕撰十六年成書　一　六　四〇五

粵刻簡目作「乾隆六十年撰」，薈要、總目此書入史部。

香譜二卷　不著撰人名氏　一　一　三九

陳氏香譜四卷　宋陳敬撰　四　二〇七

香乘二十八卷　明周嘉冑撰　一八　四二五

總目無「陳氏」字。

附録

雲林石譜三卷附宣和石譜漁陽公石譜一卷　宋杜綰撰　一一　五四

附二譜，總目、簡目不載。

右譜録類器物之屬連附録二五部，二〇三卷，一〇一册，七〇九〇葉。

茶經三卷　唐陸羽撰　一　四六

茶録二卷　宋蔡襄撰

品茶要録一卷　宋黄儒撰

宣和北苑貢茶録一卷附北苑別録一卷　宋熊蕃撰趙汝礪別録　一　四九

東溪試茶録一卷　宋宋子安撰

續茶經三卷附録一卷 清陸廷燦撰 一 四 二八〇

煎茶水記一卷 唐張又新撰 一 一 一一

北山酒經三卷 宋朱翼中撰 一 四二

酒譜一卷 宋竇苹撰 一 三一

糖霜譜一卷 宋王灼撰 一 一 一〇

右譜録類食譜之屬一〇部，一九卷，一〇册，四六九葉。

簡目食譜作「飲饌」。

洛陽牡丹記一卷 宋歐陽修撰 一 二四

揚州芍藥譜一卷 宋王觀撰

劉氏菊譜一卷 宋劉蒙撰 一 四五

史氏菊譜一卷 宋史正志撰

范村梅譜一卷 宋范成大撰

范村菊譜一卷 宋范成大撰

百菊集譜六卷卷首一卷菊史補遺一卷　宋史鑄撰　一　三　一四八

金漳蘭譜三卷　宋趙時庚撰　　一　二一

海棠譜三卷　宋陳思撰　　一　三八

荔枝譜一卷　宋蔡襄撰　二　一　三〇

杭刻簡目作「三卷」。

橘録三卷　宋韓彦直撰

竹譜一卷　晉戴凱之撰　　一　一六

戴，紀繕進簡目作「載」。

筍譜一卷　宋釋贊寧撰　　一　五二

菌譜一卷　宋陳仁玉撰

〇**廣羣芳譜一百卷目録二卷**　清康熙四十七年御定　九　五四　三八九八

禽經一卷　舊本題師曠撰　一　一　二三

粵刻簡目作「七卷」。

第十一架
三層

		函	册	葉
蟹譜二卷	宋傅肱撰		一	八六
蟹略四卷	宋高似孫撰			
異魚圖贊四卷	明楊慎撰		一	三〇
異魚圖贊箋四卷	清胡世安撰	一	二	一二四
異魚圖贊補三卷閏集一卷	清胡世安撰		一	六八

右譜録類草木鳥獸蟲魚之屬二一部，一四八卷，七〇册，四六〇二葉。

雜家類

		函	册	葉
鬻子一卷	舊本題周鬻熊撰	一	一	一五

總目雜家類一

		函	册	葉
〇墨子十五卷	舊本題宋墨翟撰		六	二四五
子華子二卷	舊本題晉人程本撰		一	五八

粤刻聚珍本總目作「三卷」。

尹文子一卷　周尹文撰　一　一　三二

慎子一卷　周慎到撰

○**鶡冠子三卷**　漢志著録已佚其名　三　八五

公孫龍子一卷　周公孫龍撰　一　五○

總目、簡目作三卷。

鬼谷子一卷　舊本題鬼谷子撰

呂氏春秋二十六卷　舊本題秦呂不韋撰　二一○　四四一

第十一架
四層

○**淮南鴻烈解二十一卷**　漢淮南王劉安撰高誘注　一　八　四九九

總目、簡目題曰「淮南子」。

人物志三卷　魏劉邵撰　一　一　六二

●**金樓子六卷**　梁孝元皇帝撰　四　一七二

劉子十卷　唐袁孝政序題北齊劉晝撰　一　三　一三二

○顏氏家訓二卷　隋顏之推撰　　二　一〇四

長短經九卷　唐趙蕤撰　　一　八　四〇九

兩同書二卷　唐羅隱撰　　一　一　七五

譚子化書六卷　南唐譚峭撰

總目、簡目但題曰「化書」。

昭德新編二卷　宋晁迥撰　　一　四八

粵刻總目、簡目作「三卷」。迥，紀繕進簡目作「逈」。

●芻言三卷　宋崔敦禮撰　　一　八八

樂庵語録五卷　舊本題宋李衡門人龔昱編

總目、簡目題曰「樂庵遺書四卷」。

習學記言五十卷　宋葉適撰　　三　二〇　九三〇

本語六卷　明高拱撰　　一　三　一一五

右雜家類雜學之屬二二部，一七六卷，七五册，三五六

○葉。

總目雜家類二

○**白虎通義二卷**　漢班固撰　二　一四〇

總目、簡目作「四卷」。

獨斷二卷　漢蔡邕撰　一　一　四〇

古今注三卷附中華古今注三卷　晉崔豹撰附後唐馬縞撰　一　八八

資暇集三卷　唐李匡乂撰　一　四一

刊誤二卷　唐李涪撰　一　一　三四

●**蘇氏演義二卷**　唐蘇鶚撰　一　四六

兼明書五卷　五代邱光庭撰　二　七四

近事會元五卷　宋李上交撰　一　二　九三

東觀餘論二卷附録一卷　宋黄伯思撰　二　一七八

總目、簡目無附録，杭刻簡目作「三卷」。

第十一架五層

靖康緗素雜記十卷　宋黄朝英撰　一　二　八六

猗覺寮雜記二卷　宋朱翌撰　二　一三六

能改齋漫録十八卷 宋吴曾撰　二一〇　六八一

杭刻簡目作「十卷」。

●**雲谷雜記四卷卷首一卷卷末一卷** 宋張淏撰　一二　一一四

西溪叢語二卷 宋姚寬撰　二　一一六

總目、簡目作「三卷」。

學林十卷 宋王觀國撰　一八　五一〇

容齋隨筆十六卷續筆十六卷三筆十六卷四筆十六卷五筆十卷 宋洪邁撰　五二三一　一三一

考古編十卷 宋程大昌撰　二　一二九

演繁露十六卷續演繁露六卷 宋程大昌撰　一七　三六〇

緯略十二卷 宋高似孫撰　一六　三〇四

第十一架六層

●**甕牖閒評八卷** 宋袁文撰　一四　一三五

芥隱筆記一卷 宋龔頤正撰　一　四二

蘆浦筆記十卷 宋劉昌詩撰 二 八〇

野客叢書三十卷附野老記聞一卷 宋王楙撰 二一四 四九五

●坦齋通編一卷 宋邢凱撰 一 一 二四

粤刻總目此書列識遺後。

●考古質疑六卷 宋葉大慶撰 二 一〇二

杭刻簡目原作「過古石印」，杭刻簡目已改正。

經外雜鈔二卷 宋魏了翁撰 一 七三

簡目作「三卷」。

右二書，紀繕進簡目均漏寫「卷」字。

古今考三十八卷 宋魏了翁撰卷二以下元方回撰 四二四 一〇〇三

總目題曰「古今考一卷，續古今考三十七卷」。杭刻簡目作「續古今考三十卷」。

●潁川語小二卷 宋陳昉撰 一 一 四六

賓退録十卷 宋趙與旹撰 五 二一五

第十二架一層

總目雜家類三

學齋佔畢四卷　宋史繩祖撰　一二　一一三

鼠璞二卷　宋戴埴撰　二　七六

粵刻總目、簡目作「一卷」，粵刻聚珍本總目作「載埴」撰。

朝野類要五卷　宋趙昇撰　一　七〇

○困學紀聞二十卷　宋王應麟撰　二一四　七二〇

紀聞，紀繕進簡目作「記聞」。

識遺十卷　宋羅璧撰　一四　二〇一

●愛日齋叢鈔五卷　說郛題宋葉某撰，不著其名　一三　一六一

日損齋筆記一卷附録一卷　元黄溍撰　一　三五

丹鉛餘録十七卷續録十二卷摘録十三卷總録二十七卷　明楊慎撰　四二〇　一三〇九

杭刻簡目作「總録二十一卷」。

譚苑醍醐九卷　明楊慎撰　一二　一六九

藝轂三卷藝轂補一卷　明鄧伯羔撰　三　八八

藝轂補一卷，總目、杭刻簡目題曰「補三卷」，粵刻簡目題曰「補二卷」。

正楊四卷　明陳耀文撰　一　四　二一八

疑耀七卷　明張萱撰　一　六　二四六

名義考十二卷　明周祈撰　一　六　二六五

徐氏筆精八卷　明徐𤊹撰　一　六　二七五

總目、簡目但題曰筆精，簡目、杭刻簡目作徐渤撰。

通雅五十二卷卷首三卷　明方以智撰　六四二一九一一

卮林十卷補遺一卷　明周嬰撰　一　八　五〇一

總目題曰「卮林十一卷」，杭刻簡目無補遺。

拾遺録一卷　明胡爌撰　一　一　七四

粵刻簡目作「湖廣撰」。

第十二架
第二層

義府二卷　清黄生撰　二　一四一

日知録三十二卷　清顧炎武撰　五三二　一三八二

第十二架三層

藝林彙考四十卷　清沈自南撰　二一四　七二五

計棟宇篇十卷，服飾篇十卷，飲食篇七卷，稱號篇十二卷，植物篇一卷。總目、簡目作「二十四卷」。紀繕進簡目作「沈目南撰」。

潛邱劄記六卷　清閻若璩撰　一五　三五五

湛園札記四卷　清姜宸英撰　一四　一四七

粤刻聚珍本總目、杭刻簡目作「二卷」。

白田雜著八卷　清王懋竑撰　一四　二六五

樵香小記二卷　清何琇撰　一　四三

義門讀書記五十八卷　清蔣維鈞編何焯校書語　六三八　一八〇七

第十二架四層

管城碩記三十卷　清徐文靖撰　三一六　八三五

訂譌雜録十卷　清胡鳴玉撰　一　五　一六六

識小編二卷　清董豐垣撰　二　六四

右雜家類雜考之屬五七部，七二七卷，三七九册，一八八七八葉。

總目雜家類四

◯**論衡三十卷**　漢王充撰　二　一二　六六四

風俗通義十卷　漢應劭撰　一　二　一二七

總目、簡目有附録一卷。

封氏聞見記十卷　唐封演撰　二　九二

尚書故實一卷　唐李綽撰　一　一　二五

灌畦暇語一卷　不著撰人名氏　一　三二

春明退朝録三卷　宋宋敏求撰　一　六六

宋景文筆記三卷　宋宋祁撰　一　一　四三

總目、簡目但題曰「筆記」。

東原録一卷　宋龔鼎臣撰　一　三八

王氏談録一卷　宋王欽臣撰　一　三六

文昌雜録六卷　宋龐元英撰　一二　一〇八

總目、簡目作「七卷」。

麈史三卷　宋王得臣撰　一　一〇八

夢溪筆談二十六卷補筆談二卷　宋沈括撰　一八　三五三

總目、簡目有續筆談一卷。

仇池筆記二卷　舊本題宋蘇軾撰　一一　三七

東坡志林十二卷　宋蘇軾撰　四　一四八

總目、簡目作「五卷」。

珩璜新論一卷　宋孔平仲撰　一一　七八

晁氏客語一卷　宋晁說之撰　一　五七

師友談記一卷　宋李廌撰　一　三七

第十二架五層

書名	撰人			
楊公筆録一卷	宋楊延齡撰	一	一	三〇
●呂氏襍記二卷	宋呂希哲撰		一	五八
粵刻聚珍本總目作「呂氏雜録」。				
冷齋夜話十卷	宋釋惠洪撰		二	九二
總目雜家類五　○曲洧舊聞十卷	宋朱弁撰	一	三	一二八
元城語録解三卷附行録解一卷	宋馬永卿編明王崇慶解		二	一〇一
總目、簡目無「王崇慶解」。				
嬾真子五卷	宋馬永卿撰	一	二	九三
春渚紀聞十卷	宋何薳撰		四	一六三
●石林燕語十卷	宋葉夢得撰	一	五	一八一
簡目、粵刻簡目有考異一卷。閣書考異散附各條後，不另卷。杭刻簡目題曰「石林燕語考異十卷」。				
避暑録話二卷	宋葉夢得撰	一	二	一八一

巖下放言三卷 宋葉夢得撰 一 五〇

却掃編三卷 宋徐度撰 一三 一〇〇

却，總目作「卻」。

五總志一卷 宋吳炯撰 一 三五

炯，簡目作「坰」。

紫微雜說一卷 宋呂本中撰 一 五三

●**辯言一卷** 宋員興宗撰 一一 二六

墨莊漫録十卷 宋張邦基撰 四 一九七

杭刻簡目作「四卷」。

寓簡十卷 宋沈作喆撰 一二 一三一

欒城遺言一卷 宋蘇籀撰 一 一九

東園叢說三卷 舊本題宋李如篪撰 二 一〇七

●**常談一卷** 宋吳箕撰 一一 四〇

雲麓漫鈔十五卷　宋趙彦衛撰　八　二九六

示兒編二十三卷　宋孫奕撰　一八　三三六

游宦紀聞十卷　宋張世南撰　一二　一一二

●密齋筆記五卷續筆記一卷　宋謝采伯撰　二　九三

梁谿漫志十卷　宋費袞撰　一四　一五〇

●澗泉日記三卷　宋韓淲撰　一　五三

第十二架六層

○老學庵筆記十卷　宋陸游撰　一四　一七二

總目、簡目有「續筆記二卷」。

愧郯録十五卷　宋岳珂撰　一四　二〇八

袪疑説一卷　宋儲泳撰　一　三七

●琴堂諭俗編二卷　宋鄭至道撰彭仲剛續　一　六一

至道，揚刻粤刻總目作「玉道」。

鶴林玉露十六卷補編一卷　宋羅大經撰　一七　三〇三

總目、簡目無補編。

貴耳集三卷　宋張端義撰　一　三　一一四

計分上中下三卷，上卷初集，中卷二集、下卷三集。總目、簡目題曰「貴耳集一卷」「二集一卷」「三集一卷」。

吹劍録外集一卷　宋俞文豹撰　一　一　七一

脚氣集一卷　宋車若水撰　一　一　五八

總目、簡目作「二卷」。

藏一話腴内編二卷外編二卷　宋陳郁撰　二　六七

總目、簡目題曰「藏一話腴四卷。」

佩韋齋輯聞四卷　宋俞德鄰撰　一　二　七二

書齋夜話四卷　宋俞琰撰　一　四六

琰，粵刻簡目避嘉慶諱作「琬」。

齊東野語二十卷　宋周密撰　一　八　四二三

困學齋雜録一卷　元鮮于樞撰　二　一　三四

總目雜家類六

隱居通議三十一卷　元劉壎撰　一〇四八四

湛淵靜語二卷　元白珽撰　一一七八

●敬齋古今黈八卷　元李冶撰　五一八一

●日聞録一卷　元李翀撰　一一四一

勤有堂隨録一卷　元陳櫟撰

玉堂嘉話八卷　元王惲撰　二一四〇

庶齋老學叢談三卷　元盛如梓撰　二八九

研北雜志二卷　元陸友撰　一二九三

北軒筆記一卷　元陳世隆撰　一三六

閒居録一卷　元吾邱衍撰　一二八

第十三架一層

雪履齋筆記一卷　元郭翼撰　一一二〇

雪履，杭刻粵刻簡目作「履雪」。

霏雪録二卷　明鎦績撰　二七九

粤刻聚珍本總目作罪雪。

蠡海集一卷　明王逵撰　一　六五

草木子四卷　明葉子奇撰　一三　一四〇

胡文穆公雜著一卷　明胡廣撰　一　四八

總目、簡目無「公」字。

讕言長語一卷　明曹安撰　一　八〇

蟫精雋十六卷　明徐伯齡撰　一四　二〇四

震澤長語二卷　明王鏊撰　一一　八四

井觀瑣言三卷　明鄭瑗撰　一　四二

南園漫録十卷　明張志淳撰　二　一三八

粤刻聚珍本總目作「一卷」。

雨航雜録二卷　明馮時可撰　一一　五八

紀緍進簡目作「馬時可」。

採芹録四卷　明徐三重撰　二　一二二

畫禪室隨筆四卷　明董其昌撰　二　一二八

六研齋筆記四卷二筆四卷三筆四卷　明李日華撰　二一二　四九五

二筆三筆，粤刻聚珍本總目作「二記、三記」

物理小識十二卷卷首一卷　明方以智撰　一八　四七三

○春明夢餘録七十卷　清孫承澤撰　六三〇　二三三三

薈要、總目此書入史部。文淵閣本訂三十二冊。杭刻簡目此處有「清周亮工撰書影十卷」。

第十三架二層

居易録三十四卷　清王士禎撰　三一六　八六九

池北偶談二十六卷　清王士禎撰　一八　七三三

香祖筆記十二卷　清王士禎撰　一四　三一九

分甘餘話四卷　清王士禎撰　一二　一〇〇

古夫于亭雜録五卷　清王士禎撰　二　一二五

總目、簡目作「六卷」。

右雜家類雜説之屬八六部，六三七卷，二七〇册，一四三六五葉。

總目雜家類七

洞天清録一卷　宋趙希鵠撰　一　一　五八

負暄野録二卷　宋陳槱撰　一　二五

雲煙過眼録四卷續録一卷　宋周密撰元湯允謨續　一　七四

格古要論三卷　明曹昭撰　一　一　五七

杭刻簡目作「二卷」。

竹嶼山房雜部二十二卷　明宋懋澄編　五　四一八

計養生部六卷，燕閒部二卷，樹畜部四卷，尊生部十卷。

總目、簡目作「三十二卷」，蓋多種植部十卷也。

遵生八牋十九卷　明高濂撰　四　一八　一一三八

清祕藏二卷　明張應文撰　一　一　五六

長物志十二卷　明文震亨撰　二　一一四

第十三架三層

韻石齋筆談二卷　清姜紹書撰　一　一　五三

七頌堂識小録一卷　清劉體仁撰　一　一七

硯山齋雜記四卷　不著撰人名氏　一　二　一三三

杭刻簡目作「二卷」。

右雜家類雜品之屬一一部，七三卷，三四册，二一四三葉。

意林五卷　唐馬總編　四　一四七

紺珠集十三卷　不著編輯者名氏　二一二　五二二

紀纉進簡目作紺林集。

類説六十卷　宋曾慥編　五四〇　一七七四

事實類苑六十三卷　宋江少虞撰　四二四　一〇四三

第十三架四層

仕學規範四十卷　宋張鎡撰　一　六　三八二

自警編九卷　宋趙善璙撰　一　五　五三六

●言行龜鑑八卷　元張光祖編　一　四　一七四

第十三架六層

説郛一百二十卷 明陶宗儀編 二四一四四一〇八四〇

玉芝堂談薈三十六卷 明徐應秋撰 四三二一六九四

元明事類鈔四十卷 清姚之駰撰 三二四一二六八

右雜家類雜纂之屬一〇部，三九四卷，二九五册，一八三八

〇葉。

第十四架一層

儼山外集三十四卷 明陸深撰 一六四三四

古今説海一百三十九卷 明陸楫編 三二四一二三五

總目、簡目作「一百四十二卷」。總目入雜纂，列説郛後。

卷一三一北里志，一三二青樓集均注云：「辭近褻狎，刪

去特存其目，以符原有卷數。」然説郛弓七十八亦有北

里志二十三葉，青樓集二十五葉，並未刪去。

少室山房筆叢正集三十二卷 明胡應麟撰 二一二六七二

總目、簡目有「續集十六卷。」

夢溪筆談、老學庵筆記、少室山房筆叢，閣本均無續集。

鈍吟雜録十卷　清馮班撰　三　一三八

右雜家類雜編之屬四部，二一五卷，内二卷删。四五册，二四七九葉。

類書類　函　册　葉

總目類書類一

●**古今同姓名録二卷**　梁孝元帝撰　一　一　六九

編珠四卷續編珠二卷　隋杜公瞻撰清高士奇補續　四　一九二

卷三、卷四，清高士奇補。總目、簡目題曰「編珠二卷，補遺二卷，續編珠二卷」。公瞻，紀緡進簡目作「公贍」。

藝文類聚一百卷　唐歐陽詢撰　七　五六　三一〇八

第十四架二層

北堂書鈔一百六十卷　唐虞世南撰　四　三二　一六一五

龍筋鳳髓判注四卷　唐張鷟撰明劉允鵬注　一　四　一五〇

總目、簡目無「注」字。

初學記三十卷　唐開元中徐堅等奉勅撰　二一六　九四〇

●元和姓纂十卷　唐林寶撰　一八　五一七

總目、簡目作「十八卷」。

第十四架三層

白孔六帖一百卷　唐白居易宋孔傳撰　七五六　三〇二一

杭刻簡目作「一百六卷」。

小名録二卷　唐陸龜蒙撰　一一　五二

蒙求集註二卷　晉李瀚撰宋徐子光注　二　二九〇

事類賦三十卷　宋吴淑撰　一八　四八九

太平御覽一千卷　宋李昉等奉勅撰　三〇一八〇　一三五六二

册府元龜一千卷　宋景德間王欽若等奉勅撰　五六三三六　二七二六九

第十四架六層

事物紀原十卷　宋高承撰　二一〇　五六四

第十五架五層

●實賓録十四卷　宋馬永易撰　一六　三一二

書叙指南二十卷　宋任廣撰　一六　二六一

書叙，紀繕進簡目作「事叙」。

海録碎事二十二卷　宋葉廷珪撰　四二八一八七五

●古今姓氏書辯證四十卷　宋鄧名世撰　二一六七三八

○帝王經世圖譜十六卷目録二卷　宋唐仲友撰　一八五一六

薈要、總目此書入史部。

職官分紀五十卷　宋孫逢吉撰　四二八一七三一

歷代制度詳説十二卷　宋吕祖謙撰　一四二〇四

八面鋒十三卷　不著撰人名氏　四一六七

總目、簡目題曰「永嘉八面鋒」。

萬花谷前集四十卷後集四十卷續集四十卷　不著撰人名氏　四二六一九七一

總目、簡目題曰「錦繡萬花谷」。

古今事文類聚前集六十卷後集五十卷續集二十八卷

別集三十二卷新集三十六卷外集十五卷遺集十五

第十五架

六層

卷 宋祝穆元富大用祝淵撰 一八一四〇七七一二

總目、簡目但題曰「事文類聚」，無「古今」字。

第十六架二層

記纂淵海一百卷 宋潘自牧撰 一〇七六四五八八

名賢氏族言行類稿六十卷 宋章定撰 三一二一一五三〇

羣書會元截江網三十五卷 不著撰人名氏 二一一六 九八三

第十六架三層

全芳備祖前集二十七卷後集三十一卷 宋陳景沂撰 三二二一一〇八七

羣書考索前集六十六卷後集六十五卷續集五十六卷別集二十五卷 宋章如愚撰 一三一〇二五二七一

總目、簡目題曰「山堂考索」。如愚字俊卿，紀繕進簡目作「章俊卿撰」。

第十六架四層

古今合璧事類備要前集六十九卷後集八十一卷續集五十六卷別集九十四卷外集六十六卷 宋謝維新編 一〇八〇 四三六七

閣書外集卷十六，計十五葉，未繕葉數。

第十六架五層

古今源流至論前集十卷後集十卷續集十卷別集十卷　宋林駉黄履翁撰　四二四　一二五六

總目但題曰「源流至論」，無「古今」字。林駉，紀繕進簡目作「林坰」。

玉海二百四卷　宋王應麟撰　二一六四　八七二四

末四卷爲辭學指南，總目、簡目題曰「玉海二百卷，附辭學指南四卷」。

第十七架一層

小學紺珠十卷　宋王應麟撰　一八　四九五

姓氏急就篇二卷　宋王應麟撰　一二　一三六

小字録一卷　宋陳思撰　一一　五六

簡目、杭刻簡目有「補録一卷，明沈宏正撰」。總目提要亦云「沈宏正有小字録補六卷」，但今閣本無之。

雞肋一卷　宋趙崇絢撰　一一　一五

右二書粵刻總目、簡目在全芳備祖前。

六帖補二十卷　宋楊伯嵒撰　四　一七九

嵒，總目作「嵓」。

翰苑新書前集七十卷後集上二十六卷後集下六卷別集十二卷續集四十二卷　不著撰人名氏　六四八二五二五

第十七架二層

韻府羣玉二十卷　宋陰時夫撰　四一八一五〇八

紀繕進簡目作「元陰時夫」。

總目類書類二

純正蒙求三卷　元胡炳文撰　三　一一二

排韻增廣事類氏族大全二十二卷　不著撰人名氏　三二〇一〇二九

粵刻聚珍本總目作「二十卷」，杭刻簡目作「十卷」。

名疑四卷　明陳士元撰　四　一七三

稗編一百二十卷　明唐順之撰　二八二四四四六

總目、簡目題曰「荆川稗編」。

第十七架三層

萬姓統譜一百四十卷卷首六卷附氏族博考十四卷

明凌迪知撰　八四八三七四七

總目、杭刻簡目作「一百二十六卷」，無附。簡目作「一百四十卷」，附氏族博考十四卷，無卷首。

第十七架四層　**喻林一百二十卷**　明徐元太撰　七五六　三一七九

第十七架五層　**經濟類編一百卷**　明馮琦編　三七八　六六〇六

第十七架六層　**同姓名録十二卷録補一卷**　明余寅撰周應賓補　二一二　五八四

説略三十卷　明顧起元撰　三二〇　一〇三二

天中記六十卷　明陳耀文撰　三六〇　五四六八

第十八架一層　**圖書編一百二十七卷**　明章潢撰　一六七二　七六四八

第十八架三層　**駢志二十卷**　明陳禹謨撰　三一八　一一一七

山堂肆考二百四十卷　明彭大翼撰　一七二六　七五〇五

卷二百二十九起以下爲補遺。總目、簡目題曰「二百二十八卷，補遺十二卷」。

第十八架四層　**古儷府十二卷**　明王志慶編　三一二　一二四三

廣博物志五十卷　明董斯張撰　五三八　二二一三

杭刻簡目此處有「明李清撰歷代不知姓名録十卷，諸史同異六十八卷」。

第十八架五層　◯**淵鑑類函四百五十卷目録四卷**　清康熙四十九年御定　四六二六四　一九五一二

文淵閣本二百七十二册

第十九架三層　◯**駢字類編二百四十卷**　清康熙五十八年勅撰　三五二一〇　一六四七二

第十九架六層　◯**分類字錦六十四卷**　清康熙六十一年御定　二一六一　五一五五

文淵閣本六十册

◯**子史精華一百六十卷**　清康熙六十年勅修雍正五年頒行　九五四　三八九三

第二十架一層　◯**佩文韻府四百四十四卷**　清康熙四十三年撰五十年告成　六〇四三六　二八〇二七

原書一百六卷，連子卷併計四百四十四卷。杭刻簡目作「四百四十三卷」。

第二十架六層　◯**韻府拾遺一百十二卷**　清康熙五十五年撰五十九年告成　六三八　二九二八

杭刻簡目此處有「清周亮工撰同書四卷」。

第廿一架一層

格致鏡原一百卷　清陳元龍撰　六四〇三〇一三

讀書紀數略五十四卷　清宮夢仁編　四三〇一一四二

花木鳥獸集類三卷　清吴寶芝撰　一三二一九

第廿一架二層

別號録九卷　清葛萬里撰　四一九二

宋稗類鈔三十六卷　清潘永因編　三一八一〇三九

此書總目、粵刻聚珍本總目、杭刻簡目均不載。簡目載之，題曰「三十卷」，粵刻總目、簡目亦載之，題曰「三十六卷」。桐城胡刻附存目録則入雜家類雜纂之屬，題曰「八卷」。此書原題「常熟潘永因編」，揚刻粵刻總目亦題「潘永因編」，簡目則題「潘時選編」，粵刻簡目及桐城胡刻附存目録則題「潘永固編」，揚刻粵刻總目提要云「因有讀史津逮已著録」，然考別史類存目，讀史津逮則題「金壇潘永圜撰」。此書先附存目雜家類畜德録後，後乃著録。據總目底本固改因。今通行本八卷則題

「金沙潘永因長吉輯，兄永圓大生訂」，有康熙八年己酉李漁序，又有李氏刻本，題「江都李宗孔書雲編」，有康熙八年龔鼎孳、曹申吉、周瑞岐及李氏自序。宗孔順治四年進士，官給事中云。

右類書類六五部，七〇四三卷，三三七五册，二二七七三九葉。

小說家類

總目小說家類一

書名	撰者	函	册	葉
西京雜記六卷	梁吴均撰	一	一	五五
○世說新語三卷	宋臨川王劉義慶撰		六	三五八
朝野僉載六卷	舊本題唐張鷟撰	一	三	一三九
大唐新語十三卷	唐劉肅撰		五	二二四
次柳氏舊聞一卷	唐李德裕撰		一	一三

唐國史補三卷　唐李肇撰　一一七〇
劉賓客嘉話録一卷　唐韋絢撰　一一〇三
杭刻簡目無唐字。
因話録六卷　唐趙璘撰
明皇雜録二卷補遺一卷　唐鄭處誨撰　一一三五
補遺，總目作别録。
大唐傳載一卷　不著撰人名氏　一一二八
教坊記一卷　唐崔令欽撰　一一四〇
幽閒鼓吹一卷　唐張固撰
松牕雜録一卷　唐李濬撰
雲溪友議三卷　唐范攄撰　三一〇三
玉泉子一卷　不著撰人名氏　一一四二
雲仙雜記十卷　舊本題唐馮贄撰　二九九

○**唐摭言十五卷** 五代王定保撰　四　二二二

中朝故事二卷 南唐尉遲偓撰　一　一　六六

●**金華子雜編二卷** 南唐劉崇遠撰

總目但題曰「金華子」。

開元天寶遺事四卷 五代王仁裕撰　一　四四

鑑誡録十卷 蜀何光遠撰　二　一一五

誡，總目、簡目作「戒」，粵刻聚珍本總目作「戎」。

南唐近事一卷 宋鄭文寶撰　一　一　二七

○**北夢瑣言二十卷** 宋孫光憲撰　五　二四二

●**賈氏譚録一卷** 宋張洎撰　一　一　一〇

洛陽縉紳舊聞記五卷 宋張齊賢撰　二　七八

南部新書十卷 宋錢易撰　四　一七七

王文正筆録一卷 宋王曾撰　一　一　一九

第廿一架
三層

儒林公議二卷　宋田況撰　一　七七

田況，紀繕進簡目作「田況」。

涑水記聞十六卷　宋司馬光撰　四　三〇二

澠水燕談録十卷　舊本題宋王闢之撰　一　二　一二〇

杭刻簡目無「録」字。

歸田録二卷　宋歐陽修撰　一　五一

嘉祐雜志一卷　宋江休復撰　一　一　四〇

粤刻總目作「二卷」。

●**東齋記事六卷**　宋范鎮撰　二　五八

青箱雜記十卷　宋吴處厚撰　二　九四

錢氏私誌一卷　宋錢世昭撰　一　一　二〇

龍川略志十卷別志二卷　宋蘇轍撰　三　一一四

總目、簡目作「別志八卷」。

後山談叢四卷　宋陳師道撰　一　六四

孫公談圃三卷　宋劉延世撰　一　一　四五

談苑四卷　舊本題宋孔平仲撰　一　七一

總目、簡目題曰「孔氏談苑」。

畫墁録一卷　宋張舜民撰　一　四四

甲申雜記一卷聞見近録一卷隨手雜録一卷　宋王鞏撰　一　一　八四

湘山野録三卷續録一卷　宋釋文瑩撰　二　一一四

玉壺野史十卷　宋釋文瑩撰　三　一三六

倓鯖録八卷　宋趙令畤撰　一　二　一二〇

東軒筆録十五卷　宋魏泰撰　四　一七三

揚刻粵刻總目東軒筆録在玉壺野史後。

泊宅編三卷　宋方勺撰　一　一　五〇

珍席放談二卷　宋高晦叟撰　一　三二

總目小說家類二

鐵圍山叢談六卷　宋蔡絛撰　二　一五四

國老談苑二卷　舊本題夷門隱叟王君玉撰　一　一　二七

總目作「一卷」。夷門，粤刻簡目作「儀門」。

道山清話一卷　不著撰人名氏　一　五三

墨客揮犀十卷　宋彭乘撰　二　八七

●唐語林八卷　宋王讜撰　一　七　四○四

楓窗小牘二卷　不著撰人名氏　一　一　五一

南窗紀談一卷　不著撰人名氏　一　一七

過庭録一卷　宋范公偁撰　一　五三

萍洲可談三卷　宋朱彧撰　一　三　七五

高齋漫録一卷　宋曾慥撰　一　二○

默記三卷　宋王銍撰　一　七一

第廿一架
四層

揮麈前録四卷後録十一卷第三録三卷餘話二卷

宋王明清撰　二一〇　四七八

玉照新志六卷　宋王明清撰　一二　一一〇

投轄録一卷　宋王明清撰　一　四九

●張氏可書一卷　宋張知甫撰　一　一四

聞見前録二十卷　宋邵伯温撰　一六　二三二

清波雜志十二卷別志三卷　宋周煇撰　一四　二四五

總目、杭刻簡目作「別志二卷」。

雞肋編三卷　宋莊季裕撰　三　一六九

聞見後録三十卷　宋邵博撰　一六　三〇六

北窗炙輠録一卷　宋施德操撰　一一　七三

●步里客談二卷　宋陳長方撰　一　一五

桯史十五卷　宋岳珂撰　五　二一四

獨醒雜志十卷　宋曾敏行撰　一二　一三五

耆舊續聞十卷　宋陳鵠撰　二　九五

四朝聞見録五卷　宋葉紹翁撰　一五　二四一

癸辛雜識前集一卷後集一卷續集二卷别集二卷

宋周密撰　一四　二九八

隨隱漫録五卷　宋陳世崇撰　一　六三

●**東南紀聞三卷**　不著撰人名氏　一一　四四

歸潛志十四卷　元劉祁撰　四　二〇八

山房隨筆一卷　元蔣子正撰　一一　二二

山居新語四卷　元楊瑀撰　二　六五

語，總目作「話」。

遂昌雜録一卷　元鄭元祐撰　一　六〇

樂郊私語一卷　元姚桐壽撰

輟耕録三十卷　明陶宗儀撰　二一四　六五五

第廿一架

五層

水東日記三十八卷　明葉盛撰　一　六　四四三

菽園雜記十五卷　明陸容撰　一　四　二八七

先進遺風二卷　明耿定向撰　二　八八

觚不觚録一卷　明王世貞撰　一　三一

語林三十卷　明何良俊撰　二一　六　八八一

總目、簡目題曰「何氏語林」。

右小說家類雜事之屬八六部，五七六卷，二一一册，一〇六五一葉。

總目小說家類三

○山海經十八卷　晉郭璞注　一　三　一五九

薈要、總目此書入史部。

山海經廣注十八卷　清吴任臣撰　一　六　三一〇

穆天子傳六卷　晉郭璞注　一　一　三七

神異經一卷　舊本題漢東方朔撰　一　三〇

海內十洲記一卷　舊本題漢東方朔撰

漢武故事一卷　舊本題漢班固撰　一　三〇

漢武帝內傳一卷　舊本題漢班固撰

洞冥記四卷　舊本題後漢郭憲撰　一　一　二二

總目、簡目題曰「漢武洞冥記」。

○拾遺記十卷　秦王嘉撰　二　一二〇

搜神記二十卷　舊本題晉干寶撰　一　四　二〇四

搜神後記十卷　舊本題晉陶潛撰　一　五八

異苑十卷　宋劉敬叔撰　一　二　一〇三

續齊諧記一卷　梁吴均撰　一　一二

還冤志三卷　隋顏之推撰　一　二三

集異記一卷　唐薛用弱撰　一　一　四二

博異記一卷　舊本題唐谷神子撰

第廿一架

六層

杜陽雜編三卷　唐蘇鶚撰　一五三

前定録一卷續録一卷　唐鍾輅撰　一四三

桂苑叢談一卷　舊本題唐馮翊子子休撰　一一二〇

劇談録二卷　唐康駢撰　一六五

杭刻簡目作「三卷」。

宣室志十卷補遺一卷　唐張讀撰　四一七〇

唐闕史二卷　舊本題唐高彦休撰　一二六六

甘澤謡一卷　唐袁郊撰　一二五

開天傳信記一卷　唐鄭綮撰　一一八

綮，簡目作「棨」。

稽神録六卷　宋徐鉉撰　一二九八

●江淮異人録二卷　宋吴淑撰　一二五

茅亭客話十卷　宋黄休復撰　一一〇〇

太平廣記五百卷　宋李昉奉勅撰　一三七八　五六六七

分門古今類事二十卷　不著撰人名氏　一八　三七〇

陶朱新録一卷　宋馬純撰　一一　四〇

睽車志六卷　宋郭彖撰　二　八七

睽，紀繕進簡目作「暌」。

夷堅支志五十卷　宋洪邁撰　二一二　五九八

右小説家類異聞之屬三二部，七二四卷，一四二册，八五九五葉。

第廿二架一層

○**博物志十卷**　舊本題晉張華撰　一二　六七

○**述異記二卷**　舊本題梁任昉撰　一一　四八

○**酉陽雜俎二十卷續集十卷**　唐段成式撰　一八　三九〇

清異録二卷　宋陶穀撰　一二　一八二

陶穀，紀繕進簡目作「陶穀」。

續博物志十卷　舊本題晉李石撰　　二　八六

紀繕進簡目作「宋李石補」。

右小說家類瑣語之屬五部，五四卷，一五冊，七七三葉。

釋家類　　函　冊　葉

第廿二架二層

弘明集十四卷音釋一卷　梁釋僧祐編　一　六　四二〇

廣弘明集三十卷　唐釋道宣撰　二　一四　一一二八

法苑珠林一百二十卷　唐釋道世撰　八　六二　三三七五

開元釋教録二十卷　唐釋智昇撰　二　一〇　一〇五九

第廿二架三層

宋高僧傳三十卷　宋釋贊寧撰　二　一四　八二七

法藏碎金録十卷　宋晁迥撰　一　八　三五五

道院集要三卷　宋晁迥撰　一　一　五四

禪林僧寶傳三十卷補傳一卷臨濟宗旨一卷　宋釋惠洪撰　　六　二九七

總目題曰「僧寶傳三十二卷」。

林間録二卷後集一卷　宋釋惠洪撰　　一　二　一六一

羅湖野録四卷　宋釋曉瑩撰　　二　九六

五燈會元二十卷　宋釋普濟撰　　四　二〇　一七八八

釋氏稽古略四卷　元釋覺岸撰　　一　四　四二四

佛祖歷代通載二十二卷　元釋念常撰　　三　二〇　一〇七一

總目、簡目但題曰「佛祖通載」。

右釋家類一三部，三一三卷，一六九冊，一一〇五五葉。

道家類　　函　冊　葉

陰符經解一卷　舊本題黃帝撰太公范蠡等六家注　　一　一　三三

陰符經考異一卷　宋朱熹撰

第廿二架
四層

陰符經講義四卷　宋夏元鼎撰　　一　四八

老子道德經注二卷　舊本題河上公撰　　一　五五

總目、簡目但題曰「老子注」。

道德指歸論六卷　舊本題漢嚴遵撰　　一　二　一一六

○老子道德經二卷　魏王弼注　　二　九五

總目、簡目但題曰「老子注」。

老子解二卷　宋蘇轍撰　　一　二　九八

總目、簡目題曰「道德經解」。紀繕進簡目作「蘇軾撰」。

道德寶章一卷　宋葛長庚撰　　一　三五

道德真經註四卷　元吴澄撰　　二　一二八

老子翼三卷附老子考異　明焦竑撰　　一　三　二三五

考異十八葉附第三卷後，不另分卷。總目、簡目題曰「老子考異一卷」。

道德經註二卷　清順治十三年御定　一　二　六七

總目、簡目題曰「御注道德經」。

老子說略二卷　清張爾岐撰　一　七一

〇**道德經注二卷附陰符經註一卷**　清徐大椿撰　一　五八

〇**關尹子一卷**　舊本題周尹喜撰　一　一　四二

〇**列子八卷**　舊本題周列禦寇撰　三　一四二

沖虛至德真經解八卷　宋江遹撰　一　四　二〇八

〇**莊子註十卷**　晉郭象撰　一　六　三八三

南華真經新傳十九卷拾遺一卷　宋王雱撰　一　八　三六四

總目、簡目題曰「二十卷」。

莊子口義十卷　宋林希逸撰　二一〇　六〇九

南華真經義海纂微一百六卷　宋褚伯秀撰　四三二一五五一

褚，紀繕進簡目作「褚」。

第廿二架
五層

莊子翼八卷莊子闕誤一卷附録一卷 明焦竑撰 二 八 五八三

○**文子二卷** 不知其名 一 二 一二八

計十二篇，總目、杭刻簡目題曰「十二卷」。

●**文子纘義十二卷** 宋杜道堅撰 五 二二七

列仙傳二卷 舊本題漢劉向撰 一 一 四三

○**周易參同契通真義三卷** 後蜀彭曉撰 一 八八

周易參同契考異一卷 宋朱熹撰 一 四六

紀繕進簡目作「舊本題空同道士鄒訢撰」。

周易參同契解三卷 宋陳顯微撰 一 二 八二

周易參同契發揮三卷釋疑一卷 宋俞琰撰 四 二四〇

琰，粵刻簡目避嘉慶諱作「琬」。

周易參同契分章注三卷 元陳致虚撰 一 二 二二一

古文參同契集解三卷 明蔣一彪撰 三 二五九

○抱朴子内篇四卷外篇四卷 晉葛洪撰 二 八 四八八

總目、簡目題曰「内外篇八卷」。文淵閣本四册。

神仙傳十卷 晉葛洪撰 二 一一〇

真誥二十卷 梁陶宏景撰 一 六 三八二

亢倉子一卷 唐王士元撰 一 一 七四

士元，紀繕進簡目作「士源」。

亢倉子註一卷 舊本題何粲撰

計九篇，總目、簡目題曰「九卷」。亢倉，紀繕進簡目作「元倉」。

玄真子一卷附天隱子一卷 唐張志和撰 一 六四

无能子三卷 不著撰人名氏

无，總目、簡目作「無」。

續仙傳三卷 南唐沈汾撰 一 六六

杭刻簡目作「四卷」。

第廿二架
六層

雲笈七籤一百二十二卷 宋張君房撰 六四八 二五六三

悟真篇註疏三卷附直指詳說一卷 宋張伯端撰翁葆光注元戴啓宗疏 一 三 二一五

古文龍虎經註疏三卷 宋王道撰 一 一 七三

易外別傳一卷 宋俞琰撰 一 一 三四

琰，粵刻簡目作「琬」。下同。

席上腐談二卷 宋俞琰撰 一 一 五九

道藏目録詳註四卷 明道士白雲霽撰 一 四 二二六

右道家類四四部，四二三卷，一八九册，一〇五〇九葉。

四庫書目考異卷四

集部

楚辭類

第一架一層

書名	撰者	函	冊	葉
楚辭章句十七卷	漢王逸撰	一	四	二二一
◯**楚辭補注十七卷**	宋洪興祖撰	一	七	三五三
楚辭集注八卷辨證二卷後語六卷	宋朱熹撰	一	六	二九四
離騷草木疏四卷	宋吴仁傑撰	一	二	七七
補繪離騷圖三卷	清蕭雲從繪乾隆四十七年勅補		三	二〇二

總目作「補繪離騷全圖二卷」，杭刻簡目作「離騷圖一卷」，蓋未經補繪者。

山帶閣注楚辭六卷楚辭餘論二卷楚辭説韻一卷

清蔣驥撰　一　七　三七八

右楚辭類六部，六六卷，二九册，一五二五葉。

辭，總目、簡目均作「詞」。

別集類一 漢至五代

		函	册	葉
揚子雲集六卷	漢揚雄撰	一	四	二五一
蔡中郎集六卷	漢蔡邕撰	一	五	一八二
北海集一卷附録一卷	漢孔融撰		一	六〇

總目、簡目題曰「孔北海集」，無附録。

曹子建集十卷	魏曹植撰	一	二	一二三

嵇中散集十卷 魏嵇康撰 三 一一六

陸士龍集十卷 晉陸雲撰 一四 一四六

陶淵明集八卷 晉陶潛撰 二 一二一

璇璣圖詩讀法二卷 秦蘇蕙詩明康萬民讀法 一一 六八

粵刻總目、簡目作「璿璣圖詩讀法一卷」。

鮑明遠集十卷 宋鮑照撰 二 九一

總目、簡目題曰「鮑參軍集」。

謝宣城集五卷 齊謝朓撰 一 七一

朓，紀繕進簡目作「眺」。

昭明太子集六卷 梁蕭統撰 一二 八四

江文通集四卷 梁江淹撰 四 一七九

水部集一卷 梁何遜撰 一 四四

總目、簡目題曰「何水部集」。

庾開府集箋注十卷 周庾信撰清吴兆宜箋注 一八 五八二

第一架二層

總目別集類二

○庾子山集注十六卷年譜一卷總釋一卷　清倪璠撰　三　一四　一〇〇四

○徐孝穆全集六卷附備考一卷　陳徐陵撰清吴兆宜箋注　一　六　二七三

總目、簡目題曰「徐孝穆集箋注」。

東皋子集三卷　唐王績撰　一　三　五〇

寒山子詩集一卷附豐干拾得詩一卷　唐台州僧寒山子豐干拾得撰　一　五三

總目、簡目、杭刻簡目作「寒山子詩集二卷」。

○王子安集十六卷　唐王勃撰　一　五　二三五

○盈川集十卷附録一卷　唐楊炯撰　一　四　一九九

○盧昇之集七卷　唐盧照鄰撰　二　九二

○駱丞集四卷　唐駱賓王撰　一　四　三四五

○陳拾遺集十卷附録一卷　唐陳子昂撰　一　五　二五五

總目、簡目無附録。

張燕公集二十五卷　唐張説撰　一七　四五二

○**曲江集二十卷**　唐張九齡撰　一四　三一二

北海集六卷附録一卷　唐李邕撰　二　一〇一

總目、簡目題曰「李北海集」。

○**李太白文集三十卷**　唐李白撰　一七　四二三

總目、簡目無「文」字。

第一架三層

○**李太白集分類補注三十卷**　宋楊齊賢集注元蕭士贇删補　二一〇　六一六

總目、簡目題曰「分類補注李太白集」。

李太白集注三十六卷　清王琦撰　四一六　一三六一

總目、簡目作「李太白詩集注」。

九家集注杜詩三十六卷　宋郭知達編　三一二　一三三三

補注杜詩三十六卷　宋黄希原本其子鶴續成　四二六　一二三三

總目、簡目題曰「黄氏補注杜詩」。

第一架四層

○集千家注杜工部詩集二十卷　元高楚芳編　三一六　七一九

總目、簡目題曰「集千家注杜詩」。

杜詩攟四卷　明唐元竑撰　一四　一七三

杜詩詳注二十五卷附編二卷　清仇兆鼇撰　六二六　一九四三

○王右丞集箋注二十八卷附録一卷　唐王維撰清趙殿成箋注　二一四　七二二

總目、簡目「附録二卷」。

第一架五層

高常侍集十卷　唐高適撰　一二　一〇〇

孟浩然集四卷　唐孟浩然撰　一　六七

常建詩三卷　唐常建撰　一　一九

儲光義集五卷　唐儲光義撰　一二　七一

總目、簡目題曰「儲光羲詩」，杭刻簡目作「六卷」。

○次山集十二卷　唐元結撰　三　一四六

顔魯公文集十五卷補遺一卷年譜一卷附録一卷

唐顏真卿撰　一　六　二六三

總目、簡目無「文」字。

宗玄集三卷附録玄綱論一卷内丹九章經一卷　唐吴筠撰　一　二　九五

杼山集十卷　唐釋皎然撰　一　四　一九一

劉隨州集十一卷　唐劉長卿撰　一　四　一四六

韋蘇州集十卷　唐韋應物撰　四　一六〇

總目別集類三

○毘陵集二十卷附録一卷　唐獨孤及撰　一　六　二七八

蕭茂挺文集一卷　唐蕭穎士撰　一　一　五五

李遐叔文集四卷　唐李華撰　三　一八八

錢仲文集十卷　唐錢起撰　一　二　一二〇

華陽集三卷附顧非熊詩一卷　唐顧況撰　三　一〇一

況，總目作「况」，揚刻總目作「況」。

○翰苑集二十二卷　唐陸贄撰　一　八　三九一

○**權文公集十卷**　唐權德輿撰　二　一一八

韓集舉正十卷外集舉正一卷　宋方崧卿撰　一四　二二五

原本韓集考異十卷　宋朱熹撰　一五　二五六

總目、簡目作「原本韓文考異」。

第一架六層

別本韓文考異四十卷卷首一卷外集十卷遺文一卷

宋王伯大編　三二〇　九三五

簡目、粵刻簡目遺文後有「補遺一卷」。伯大，紀纘進簡目作「伯文」。

○**五百家注昌黎文集四十卷**　宋魏仲舉編　四二〇　一〇六六

總目題曰「五百家注音辨昌黎先生文集」。

東雅堂昌黎集注四十卷外集十卷　宋廖瑩中撰　四二〇　九八九

總目、簡目「昌黎」上有「韓」字。

韓集點勘四卷　清陳景雲撰　二　八七

○**柳河東集四十五卷外集二卷**　唐柳宗元撰宋韓醇音釋　三二〇　九〇八

總目、簡目題曰「詁訓柳先生文集四十五卷，外集二卷，新編外集一卷」。粤刻簡目作「四十三卷」。

第二架一層

柳河東集注四十三卷別集注二卷外集注二卷附録一卷 宋童宗説注張敦頤音辯潘緯音義 三一二 八四六

總目、簡目題曰「增廣注釋音辯柳集四十三卷」，無別集注以下各卷。

五百家注柳先生集二十一卷外集二卷新編外集一卷龍城録二卷附録四卷 宋魏仲舉編 一七 六三一

總目、簡目題曰「五百家注音辨柳先生文集」。又作「附録八卷」，杭刻簡目無「龍城録」。

○劉賓客文集三十卷外集十卷 唐劉禹錫撰 二一二 五二六

衡州集十卷 唐吕温撰 一二 一五二

總目、簡目題曰「吕衡州集」。

張司業集八卷 唐張籍撰 二 一一九

皇甫持正集六卷　唐皇甫湜撰　一　一　七五

李文公集十八卷　唐李翺撰　一　三　一八〇

歐陽行周文集十卷附録一卷　唐歐陽詹撰　一　二　一三四

總目、簡目題曰「歐陽行周集」，無附録。

李元賓文編三卷外編二卷　唐李觀撰　二　八六

孟東野詩集十卷　唐孟郊撰　一　四　一五〇

總目、簡目無「詩」字。

長江集十卷　唐賈島撰　二　九〇

第二架二層

昌谷集四卷外集一卷　唐李賀撰　一　二　七三

箋注評點李長吉歌詩四卷外集一卷　宋吴正子箋注劉辰翁評點　四　一四〇

絳守居園池記一卷附録一卷　唐樊宗師撰　一　一　四〇

總目、簡目作「絳守居園池記注」，無附録。

司馬集八卷　唐王建撰　三　一〇六

總目、簡目題曰「王司馬集」。

沈下賢集十二卷　唐沈亞之撰　三　一四九

追昔遊集三卷　唐李紳撰　二一　五一

○會昌一品集二十卷別集十卷外集四卷　唐李德裕撰　一〇　四五三

總目別集類四

○元氏長慶集六十卷補遺五卷　唐元稹撰　二一四　五九三

總目、簡目、粵刻簡目「補遺六卷」，杭刻簡目作「七十一卷，補遺六卷」。

○白氏長慶集七十一卷　唐白居易撰　六二八　一五三八

杭刻簡目作「七十二卷」。

白香山詩集四十卷附録年譜二卷　清汪立名編　四二〇　九八七

第二架三層

鮑溶詩集六卷外集一卷　唐鮑溶撰　二　五六

杭刻簡目無「集」字。

○樊川集二十卷外集一卷別集一卷　唐杜牧撰　一　六　三七〇

總目、簡目作「樊川文集」。

姚少監集十卷　唐姚合撰　一　二　一二〇

總目、簡目作「姚少監詩集」。

○李義山詩集三卷　唐李商隱撰　一　三　一五〇

杭刻簡目無「詩」字。

李義山詩集注三卷　清朱鶴齡撰　一　六　二八九

總目、簡目題曰「李義山詩注」，總目有「附録一卷」，簡目有補注一卷」。

○李義山文集箋注十卷　清徐樹穀箋徐炯注　一　六　四一五

温飛卿集箋注九卷　明曾益注清顧予咸補其子嗣立重訂　一　四　二一〇

丁卯詩集二卷續集二卷續補一卷集外遺詩一卷　唐許渾撰　一　二　一二三

總目、簡目作「丁卯集」，無「詩」字。

文泉子集一卷　唐劉蛻撰　一　一　四二

黎嶽集一卷附録一卷　唐李頻撰　一　四四

總目作「梨岳集」，簡目作「棃岳集」。

李羣玉詩集三卷後集五卷　唐李羣玉撰　二　六三

總目無「詩」字。

孫可之集十卷　唐孫樵撰　一　一　六三

麟角集一卷附録一卷　唐王棨撰　一　六二

曹祠部集二卷附曹唐詩一卷　唐曹鄴撰　一　五〇

文藪十卷　唐皮日休撰　一　三　一三八

總目、簡目題曰「皮子文藪」。

笠澤叢書四卷補遺一卷　唐陸龜蒙撰　二　九一

第二架四層

〇甫里集十九卷附録一卷　唐陸龜蒙撰　一　六　二六六

總目題曰「二十卷」。

詠史詩二卷　唐胡曾撰　一一七〇
雲臺編三卷　唐鄭谷撰　一一七一
司空表聖文集十卷　唐司空圖撰　二一一四
韓内翰別集一卷　唐韓偓撰　一一六〇
唐英歌詩三卷　唐吴融撰　二一七九
唐風集三卷　唐杜荀鶴撰　一七五
玄英集八卷　唐方干撰　一二七九
黄御史集八卷附録一卷黄吾軒遺集一卷　唐黄滔撰　四一九八
總目、簡目作「十卷，附録一卷」。
徐正字詩賦二卷　唐徐寅撰　一一七六
昭諫集八卷　唐羅隱撰　四一八四
總目、簡目題曰「羅昭諫集」。
白蓮集十卷　後唐釋齊己撰　一四一八五

禪月集二十五卷補遺一卷 蜀釋貫休撰　一　四　二〇三

浣花集十卷補遺一卷 蜀韋莊撰　一　二　八一

右三種總目均題「唐人撰」。

廣成集十二卷 蜀杜光庭撰　　四　一八三

右別集類漢至五代一一一部，一五二七卷，五九〇册，三三二九六葉。

別集類二 北宋

總目別集類五

〇騎省集三十卷附録一卷 宋徐鉉撰　一　八　四七三

附録十八葉爲行狀。總目、簡目無附録。

河東集十五卷附録一卷 宋柳開撰　一　四　二二六

杭刻簡目作「十卷」。

咸平集三十卷 宋田錫撰　一　八　四〇八

●**逍遥集一卷**　宋潘閬撰　一　一　一七

忠愍集三卷　宋寇準撰　一　六一

總目題曰「寇忠愍公詩集」，簡目題曰「寇忠愍詩集」。

乖崖集十二卷附録一卷　宋張詠撰　四　一七七

第二架五層

○**小畜集三十卷**　宋王禹偁撰　二　一二　五三二

總目、簡目有「小畜外集七卷」。

●**南陽集六卷**　宋趙湘撰　二　二　八五

○**武夷新集二十卷**　宋楊億撰　一〇　四九〇

和靖集四卷　宋林逋撰　一　一　八二

總目、簡目題曰「和靖詩集」。

穆參軍集三卷附録遺事一卷　宋穆修撰　一　六〇

元獻遺文一卷　宋晏殊撰　一　二三

總目、簡目題曰「晏元獻遺文」。

●文莊集三十六卷　宋夏竦撰　二一二　五七〇

春卿遺稿一卷　宋蔣堂撰　一一　一七

東觀集十卷　宋魏野撰　二　九九

●元憲集三十五卷　宋宋庠撰　二八　五六八

總目、簡目題曰「宋元憲集四十卷」。閣書將青詞樂語删去，見本書提要。

●景文集六十二卷補遺二卷附録一卷　宋宋祁撰　五二〇一　四四三

總目、簡目題曰「宋景文集」。

第二架六層

●文恭集四十卷　宋胡宿撰　二一四　六九五

總目、簡目作「五十卷」，并有「補遺一卷」。

○武溪集二十卷　宋余靖撰　一八　四一七

○安陽集五十卷　宋韓琦撰　二一二　六四八

○范文正集二十卷別集四卷補編五卷　宋范仲淹撰　二一〇　六三一

總目、簡目無「范」字。

河南集二十七卷附録一卷　宋尹洙撰　一　六　三〇六

附録二十二葉，爲本傳。總目、簡目無附録。

孫明復小集一卷　宋孫復撰　一　一　三六

徂徠集二十卷附録一卷　宋石介撰　一　七　二九二

附録六葉，爲墓誌銘。總目、簡目無附録。

第三架一層

〇端明集四十卷　宋蔡襄撰　二　一〇　六八二

總目、簡目題曰「蔡忠惠集三十六卷」。

●祠部集三十五卷　宋强至撰　三　一二　七七二

總目、簡目作「三十六卷」。

鐔津集二十二卷　宋釋契嵩撰　一　八　四六二

祖英集二卷　宋釋重顯撰　一　二　六七

蘇學士集十六卷　宋蘇舜欽撰　六　二四四

蘇魏公文集七十二卷　宋蘇頌撰　五二四　一三三一

總目、簡目無「文」字。

伐檀集二卷　宋黃庶撰　一　九八

第三架二層

●**華陽集六十卷附録十卷**　宋王珪撰　三二二　七九四

古靈集二十五卷附録一卷　宋陳襄撰　一六　四四四

附録四十葉，爲行狀、年譜。總目、簡目無附録。

○**傳家集八十卷**　宋司馬光撰　四二八　一四三四

○**清獻集十卷**　宋趙抃撰　一四　三一八

總目別集類六

旴江集三十七卷年譜一卷外集三卷　宋李覯撰　三一六　六七三

旴，揚刻總目作「盱」。

●**金氏文集二卷**　宋金君卿撰　二　九五

第三架三層

●**公是集五十四卷**　宋劉敞撰　二一〇　九六五

●**彭城集四十卷**　宋劉攽撰　二一〇　七七五

邕州小集一卷　宋陶弼撰　一　一　一九

●都官集十四卷　宋陳舜俞撰　六　二七九

○丹淵集四十卷拾遺二卷年譜一卷附録一卷　宋文同撰　二一　〇　五四一

總目、簡目「附録二卷」。

西溪集十卷　宋沈遘撰　一　四　二〇八

●鄖溪集二十八卷　宋鄭獬撰　二一　〇　五二三

總目、簡目作「三十卷」。

錢塘集十二卷　宋韋驤撰　一　八　五〇二

總目、簡目作「十四卷」。

●浄德集三十八卷　宋呂陶撰　二　八　五八一

杭刻簡目作「三十卷」。

安岳集十二卷　宋馮山撰　三　三　一一〇

總目、簡目題曰「馮安岳集」。

第三架四層

○**元豐類稿五十卷附録一卷**　宋曾鞏撰　一六　八五三

總目、簡目無「附録」。

龍學集十六卷附録一卷　宋祖無擇撰　一四　一八一

附録四葉，爲祖氏源流。總目、簡目題曰「龍學文集」，無附録。

○**宛陵集六十卷**　宋梅堯臣撰　三二〇　八二一

總目、簡目有「附録一卷」。

●**忠肅集二十卷**　宋劉摯撰　一五　四七〇

無爲集十五卷　宋楊傑撰　一五　一九五

●**王魏公集七卷**　宋王安禮撰　三　一五七

總目、簡目作「八卷」。

范太史集五十五卷　宋范祖禹撰　三二〇　九三五

潞公文集四十卷　宋文彦博撰　一八　四四七

總目題曰「潞公集」，簡目題曰「文潞公集」。

第三架五層

擊壤集二十卷　宋邵雍撰　一　八　三三八

鄱陽集十二卷　宋彭汝礪撰　一　六　二八四

總目作「十三卷」。

曲阜集四卷　宋曾肇撰　一　四　一七三

周元公集八卷　宋周敦頤撰　一　三　一六四

總目、簡目作「九卷」。

南陽集三十卷附録一卷　宋韓維撰　一　八　五二六

節孝集三十二卷　宋徐積撰　一　八　四〇七

卷三十一爲語録，卷三十二爲事實。總目、簡目作「三十卷，附録一卷」。提要云：「語録已别本孤行，不更複載，惟附録其事實一卷。」今閣書節孝語録并未删去，與子部儒家類互見。

○**文忠集一百五十三卷附録五卷**　宋歐陽修撰　六　三四　二七九三

第三架六層

歐陽文粹二十卷　宋陳亮編　一　六　三〇三

樂全集四十卷附録一卷　宋張方平撰　四二二　一〇四九

杭刻簡目無「附録」。

范忠宣集二十卷奏議二卷遺文一卷附録一卷補編一卷　宋范純仁撰　二一二　六二八

總目題曰「忠宣文集」，簡目題曰「范忠宣文集」。

○**嘉祐集十六卷附録二卷**　宋蘇洵撰　一　六　二八〇

杭刻簡目無「附録」。

○**臨川集一百卷**　宋王安石撰　六三〇　一四七二

第四架一層　**王荊公詩注五十卷**　宋李壁撰　二一六　七四五

廣陵集三十卷拾遺一卷附録一卷　宋王令撰　一　五　三五三

粵刻聚珍本總目作「三十一卷」。

總目別集類七　○**東坡全集一百十五卷**　宋蘇軾撰　七五六　三二二八

杭刻簡目作「一百三十卷」。

第四架二層　**東坡詩集注三十二卷**　舊本題宋王十朋撰　二一〇　一二三一

○**施注蘇詩四十二卷王注正譌一卷東坡年譜一卷蘇詩續補遺二卷**　宋施元之注清邵長衡等補續　六二六　一四三八

王注正譌與東坡年譜合訂一册，總目、簡目東坡年譜在王注正譌前。蘇詩續補遺二卷，粵刻簡目無「遺」字，杭刻簡目作「二卷」。

蘇詩補注五十卷　清查慎行撰　七四〇　一八二三

第四架三層

○**欒城集五十卷欒城後集二十四卷欒城第三集十卷應詔集十二卷**　宋蘇轍撰　六三四　一八二四

總目、簡目題曰「補注東坡編年詩」。

欒城第三集，總目、簡目無「第」字。

○**山谷集三十卷别集二十卷外集十四卷詞一卷簡尺二卷年譜三十卷年譜附録一卷**　宋黄庭堅撰　六三二　一八七一

總目、簡目題曰「山谷内集三十卷」，又外集先於别集，年譜三卷無附録。

第四架四層

山谷詩內集注二十卷外集注十七卷別集注二卷 宋任淵史容史季温注　三一　二　一〇〇三

總目、簡目無「詩」字。外集注，總目、簡目、杭刻簡目作「七卷」。

○後山集二十四卷 宋陳師道撰　一　八　四四〇

后山詩注十二卷 宋任淵撰　一　六　二五三

總目作「後」，粵刻總目作「后」。

柯山集七十六卷 宋張耒撰　三一　二　八三二

總目、簡目題曰「宛邱集」。

第四架五層

○淮海集四十卷後集六卷長短句三卷 宋秦觀撰　二一　二　五一六

●濟南集八卷 宋李廌撰　一　四　二四六

參寥子詩集十二卷 宋釋道潛撰　一　四　一五九

總目、簡目無「詩」字。

寶晉英光集八卷 宋米芾撰　二　九九

石門文字禪三十卷　宋釋惠洪撰　三　一四　八三三

○青山集三十卷　宋郭祥正撰　一　八　四〇五

青山續集七卷　宋郭祥正撰　一　四　一九一

右二書總目、簡目題作一部，同一提要；閣書分二部，各有提要。

●畫墁集八卷　宋張舜民撰　一　三　一〇四

●陶山集十六卷　宋陸佃撰　六　二七五

總目、簡目作「十四卷」。

倚松老人集二卷　宋饒節撰　一　二　九七

杭刻簡目作「三卷」。

長興集十九卷　宋沈括撰　四　一八六

西塘集十卷　宋鄭俠撰　一　六　二八三

第十卷爲附録，簡目題曰「九卷，附録一卷」。

第四架六層

雲巢編十卷　宋沈遼撰　一　三　二三二

○景迂生集二十卷　宋晁説之撰　三二○　七五五

○雞肋集七十卷　宋晁補之撰　四二三　一○七一

樂圃餘稿十卷附録一卷　宋朱長文撰　二　二　一二六

龍雲集三十二卷附録一卷　宋劉弇撰　一二　五三五

龍雲，紀繕進簡目作「雲龍」。

總目別集類八

●雲溪居士集三十卷附録一卷　宋華鎮撰　二一四　五三二

總目、簡目無「附録」。

第五架一層

演山集六十卷　宋黄裳撰　三一六　七一四

姑溪居士前集五十卷後集二十卷　宋李之儀撰　二一二　六四九

●灊水集十六卷　宋李復撰　一八　三○○

道鄉集四十卷　宋鄒浩撰　三一八　七○四

●學易集八卷　宋劉跂撰　一四　一七七

游鷹山集四卷　宋游酢撰　二　二　一六〇

●西臺集二十卷　宋畢仲游撰　二　八　五〇四

樂靜集三十卷　宋李昭玘撰　一　五　三一一

第五架二層

●北湖集五卷　宋吳則禮撰　一　三　一一二

●溪堂集十卷　宋謝逸撰　四　一六六

○竹友集十卷　宋謝邁撰　一　二　一〇九

杭刻簡目作「十一卷」。

●日涉園集十卷　宋李彭撰　四　一八七

●灌園集二十卷　宋呂南公撰　一　八　三六八

慶湖詩集九卷　宋賀鑄撰　一　四　一五八

總目、簡目題曰「慶湖遺老集」。

●摛文堂集十五卷附録一卷　宋慕容彥逢撰　一　六　三七八

●襄陵文集十二卷　宋許翰撰　一　四　二〇九

總目、簡目無「文」字。

●**浮沚集八卷**　宋周行己撰　四　一六四

●**東堂集十卷**　宋毛滂撰　一五　二六一

給事集五卷　宋劉安上撰　一二　一〇六

總目、簡目題曰「劉給事集」，杭刻簡目作「七卷」。

劉左史集四卷　宋劉安節撰　二　一〇七

杭刻簡目作「劉安禮撰」。

●**竹隱畸士集二十卷**　宋趙鼎臣撰　一八　三〇六

眉山詩集十卷文集十四卷　宋唐庚撰　一四　二七三

總目、簡目題曰「唐子西集二十四卷」。

●**洪龜父集二卷**　宋洪朋撰　一　四八

第五架三層

●**跨鼇集三十卷**　宋李新撰　一八　四五四

●**忠愍集三卷附録一卷**　宋李若水撰　一二　七三

忠肅集三卷	宋傅察撰	三		一八五

右別集類北宋一二二三部，三三九四卷，一一二九册，六一五一八葉。

別集類三 南宋建炎至淳熙

總目別集類九

宗忠簡集八卷	宋宗澤撰	一	三	一九五
龜山集四十二卷	宋楊時撰	二一	六	七四六
梁谿集一百八十卷年譜一卷行狀三卷附録一卷	宋李綱撰	七五	六二	七五七

附録一卷四十九葉，另有後序八葉，跋四葉。總目、簡目作「一百八十卷，附録六卷」。

第五架四層

●初寮集八卷	宋王安中撰	一	八	三一〇
●橫塘集二十卷	宋許景衡撰	一	七	三六九

西渡詩集二卷補遺一卷　宋洪炎撰　一　三八

總目、簡目無「詩」字。

●老圃集二卷　宋洪芻撰　二　一　三九

●丹陽集二十四卷　宋葛勝仲撰　一二　五二三

●毘陵集十六卷　宋張守撰　一　六　三六〇

總目、簡目作「十五卷」。

●浮溪集三十二卷　宋汪藻撰　二　一二　六四一

總目、簡目作「三十六卷」。

浮溪文粹十五卷　宋汪藻撰　一　四　一八三

●莊簡集十八卷　宋李光撰　一　八　三九八

●忠正德文集十卷　宋趙鼎撰　一　六　二六〇

●東窗集十六卷　宋張擴撰　一　八　三四八

●忠惠集十卷附録一卷　宋翟汝文撰　一　六　二六七

第五架五層

松隱集四十卷　宋曹勛撰　二一〇　五一〇

第十四卷原闕，總目、簡目題曰「松隱文集三十九卷」。

建康集八卷　宋葉夢得撰　一四　一四三

總目、簡目題曰「石林居士建康集」。

○**簡齋集十六卷**　宋陳與義撰　四　一七八

北山集四十卷　宋程俱撰　二一六　七六九

總目、簡目題曰「北山小集」，文津閣本此書列第六架浮山集後，因與鄭剛中集同名，故錯置。欲更正之，而函高矮不同；欲並函易之，而函號次已定。蓋此書之錯置早在製函之時，文淵閣本無錯置。

●**𣏌溪居士集十二卷**　宋劉才邵撰　一八　三四四

筠溪集二十四卷續集一卷附録一卷　宋李彌遜撰　二一二　五〇八

續集二十五葉，爲樂府附録，十一葉爲家傳。總目、簡目無續集、附録。

華陽集四十卷　宋張綱撰　一　八　四七八

●忠穆集八卷　宋呂頤浩撰　一　四　一五七

●紫微集三十六卷　宋張嵲撰　二一二　六一八

苕溪集五十五卷　宋劉一止撰　二一二　五六三

第五架六層

●東牟集十四卷　宋王洋撰　一　八　四三五

●相山集三十卷　宋王之道撰　一　八　四六〇

●三餘集四卷　宋黃彥平撰　一　二　六〇

●大隱集十卷　宋李正民撰　四　二二二

總目別集類十

龜谿集十二卷　宋沈與求撰　一　六　二七七

栟櫚集二十五卷　宋鄧肅撰　一　四　二二三

計詩十卷，詞一卷，文十四卷。總目提要作「詩一卷」，故

總目、簡目題曰「十六卷」。

默成文集四卷　宋潘良貴撰　一　四〇

總目、簡目作「八卷」。此本删其第一二卷之本傳、年譜及第七八卷之題贈，而存其中間四卷。

●**鄱陽集四卷**　宋洪皓撰　一二　六一

韋齋集十二卷附玉瀾集一卷　宋朱松撰　六　二三〇

●**澹齋集十八卷附録一卷**　宋李流謙撰　一八　三九二

○**陵陽集四卷**　宋韓駒撰　一二　八七

●**灊山集三卷**　宋朱翌撰　三　九八

紀繕進簡目作「潛山集」。

●**雲溪集十二卷**　宋郭印撰　一四　一八三

盧溪文集五十卷附録一卷　宋王庭珪撰　一八　四九三

附録十六葉爲行狀。總目、簡目題曰「盧溪集」，無附録。

屏山集二十卷　宋劉子翬撰　一六　三一〇

第六架一層

●**北海集四十六卷附録三卷**　宋綦崇禮撰　二一四　五九五

鴻慶居士集四十二卷　宋孫覿撰　三二〇　八九九

内簡尺牘十卷　宋孫覿撰李祖堯編注　一四　二一四

總目、簡目題曰「内簡尺牘編注」。

●**崧庵集六卷**　宋李處權撰　二　一二四

●**藏海居士集二卷**　宋吴可撰　一一　二一

豫章文集十七卷　宋羅從彦撰　六　二七一

和靖集八卷　宋尹焞撰　一二　一一六

王著作集八卷　宋王蘋撰　二　八五

郴江百詠一卷　宋阮閱撰　一　二〇

郴江，紀繕進簡目作「柳江」。

雙溪集十五卷　宋蘇籀撰　一六　三一六

少陽集十卷　宋陳東撰　一二　一七九

歐陽修撰集六卷附録一卷　宋歐陽澈撰　四　一八一

總目別集類十一

第六架二層

附録二十一葉，爲上書行實等。總目、簡目題曰「七卷」。

東溪集二卷附録一卷 宋高登撰	一	一	五八
岳武穆遺文一卷 宋岳飛撰	一	一	二五
●**茶山集八卷** 宋曾幾撰	一	三	一三六
雪溪集五卷 宋王銍撰	一	一	六一
●**蘆川歸來集十卷** 宋張元幹撰		五	一八五

第十卷附録行實十四葉，不另卷。總目作「五卷，附録一卷」，粵刻總目作「十卷，附録一卷」，杭刻簡目作「八卷」，無附録。

東萊詩集二十卷 宋呂本中撰	一	五	三〇〇
澹庵文集六卷 宋胡銓撰		三	一〇五
五峰集五卷 宋胡宏撰	一	五	三三〇
斐然集三十卷 宋胡寅撰	三一	四	九八一

●**大隱居士詩集二卷** 宋鄧深撰　一一　五六

總目題曰「鄧紳伯集」。

●**浮山集八卷** 宋仲并撰　四　一八〇

粤刻總目、簡目作「十卷」。

北山集三十卷 宋鄭剛中撰　二一二　五六〇

文津閣本此書列第五架簡齋集後，因與程俱集同名，故錯置。說見前。

橫浦集二十卷 宋張九成撰　一八　二九一

●**湖山集十卷** 宋吴芾撰　一四　二七五

●**文定集二十四卷** 宋汪應辰撰　二八　四六一

第六架三層

縉雲集四卷附録一卷 宋馮時行撰　一四　一四一

總目、簡目作「縉雲文集」，無附録。

嵩山集五十四卷 宋晁公遡撰　二一二　五八二

總目、簡目題曰「嵩山居士集」。紀繕進簡目作「趙公遡撰」。

默堂集二十二卷　宋陳淵撰　一　八　四七七

知稼翁集二卷　宋黃公度撰　一　二　一三七

●唯室集五卷　宋陳長方撰　三　八九

第五卷爲附録，總目、簡目題曰「四卷，附録一卷」。

●漢濱集十六卷　宋王之望撰　二　八　四四二

杭刻簡目此處有「宋葛立方撰歸愚集十卷」。

香溪集二十二卷　宋范浚撰　一　八　三五六

鄭忠肅奏議遺集二卷　宋鄭興裔撰　一　六四

●雲莊集五卷　宋曾協撰　一　四　一五九

杭刻簡目作「曹協撰」。

●竹軒雜著六卷　宋林季仲撰　三　一一八

杭刻簡目作「十卷」。

第六架四層
總目別集類十二

拙齋文集二十卷拾遺一卷 宋林之奇撰	一	八	三二四
○**于湖集四十卷** 宋張孝祥撰	一	六	四一九
太倉稊米集七十卷 宋周紫芝撰	四二	〇	九七八
夾漈遺稿三卷 宋鄭樵撰	一	一	四六
鄮峰真隱漫録五十卷 宋史浩撰	三二	〇	七七二
海陵集二十三卷 宋周麟之撰	一	八	三六八
總目有「外集一卷」。			
燕堂詩稿一卷 宋趙公豫撰	一	一	二四
竹洲集二十卷附棣華雜著一卷 宋吴儆撰		四	二一四
雜著，總目、簡目作「雜筆」。			
高峰文集十二卷 宋廖剛撰	一	六	二九三
鄂州小集六卷附録二卷 宋羅願撰	一	四	一七四
艾軒集十卷 宋林光朝撰		四	二二八

第十卷爲附録，總目、簡目作「九卷，附録一卷」。

第六架六層

晦庵集一百卷續集五卷別集七卷　宋朱熹撰　一四一〇〇五七八四

文忠集二百卷年譜一卷附録五卷　宋周必大撰　一〇七八四一九二

總目提要云「附録四卷」。

●**雪山集十六卷**　宋王質撰　一　六　三一九

梁谿遺稿一卷　宋尤袤撰　一　三九

紀繕進簡目作「二卷」。

第七架一層

●**方舟集二十四卷**　宋李石撰　二一〇　六三一

綱山集八卷　宋林亦之撰　二　一一六

東萊集三十九卷　宋呂祖謙撰　四二〇　九三四

計文集十五卷，別集十六卷，外集五卷，附録三卷。拾遺七葉在附録第三卷内。總目、簡目題曰「四十卷」。

○**止齋集五十二卷附録一卷**　宋陳傅良撰　三一六　八四八

總目、簡目作「止齋文集五十一卷，附録一卷」。

格齋四六一卷　宋王子俊撰　一　八六

○梅溪集五十四卷　宋王十朋撰　四一八　一一四八

計廷試策一卷，奏議四卷，前集二十卷，後集二十九卷。

第七架二層

●香山集十六卷　宋喻良能撰　一五　二一五

●宮教集十二卷　宋崔敦禮撰　一四　二〇一

杭刻簡目作「十六卷」。

●蒙隱集二卷　宋陳棣撰　一　五三

倪石陵書一卷　宋倪朴撰　一一　五〇

總目作「倪樸撰」。

樂軒集八卷　宋陳藻撰　四　一七六

●定庵類稿四卷　宋衛博撰　一四　一四七

紀繕進簡目作「魏博」。

●澹軒集八卷　宋李吕撰　三　一二八

攻媿集一百十二卷 宋樓鑰撰 六四四 二四八五

第七架三層

●尊白堂集六卷 宋虞儔撰 一五 二七〇

●東塘集二十卷 宋袁説友撰 二一〇 五一三

杭刻簡目作「東堂集」。

●涉齋集十八卷 宋許及之撰 一六 二五四

義豐集一卷 宋王阮撰 一一 六三

蠹齋鉛刀編三十二卷 宋周孚撰 五 二四一

總目別集類十三

●乾道稿二卷淳熙稿二十卷章泉稿五卷 宋趙蕃撰 三一二 八〇〇

乾道稿，粵刻總目、簡目作「一卷」。

雙溪類稿二十七卷 宋王炎撰 二一二 六六六

總目、簡目題曰「雙溪集」。

●止堂集二十卷 宋彭龜年撰 一四 三五八

●緣督集二十卷 宋曾丰撰 一八 四四七

第七架四層

象山集二十八卷外集四卷附語録四卷　宋陸九淵撰　二一二　七三三

慈湖遺書二十卷　宋楊簡撰　三一二　六四五

第十九二十卷爲續集。總目、簡目、粤刻簡目題曰「十八卷，續集二卷」。杭刻簡目作「十八卷」，無續集。

●絜齋集二十四卷　宋袁燮撰　二一六　六三〇

雲莊集二十卷　宋劉爚撰　一六　三三九

總目、簡目作「十二卷」。

文靖集二卷　宋舒璘撰　二　一〇九

總目、簡目題曰「舒文靖集」。

●定齋集二十卷　宋蔡戡撰　一八　三八四

●九華集二十五卷附録一卷　宋員興宗撰　二八　四二九

野處類稿二卷　宋洪邁撰　一　三六

○盤洲文集八十卷附録二卷拾遺一卷　宋洪适撰　四一四　一〇九九

附録二卷，爲行狀、墓誌。總目、簡目題曰「盤洲集」，無附録、拾遺。

第七架五層

●應齋雜著六卷　宋趙善括撰　一三　一三〇

●芸庵類稿六卷　宋李洪撰　一三　一四五

浪語集三十五卷　宋薛季宣撰　三一六　八七四

○石湖詩集三十四卷　宋范成大撰　一八　四九一

○誠齋集一百三十三卷　宋楊萬里撰　六三八　二七一八

總目作「一百三十二卷」，簡目、粤刻簡目亦作「一百三十二卷」，但有附録一卷。杭刻簡目作「一百三十卷」。紀繕進簡目作「一百二十卷」，無附録。

第七架六層

○劍南詩稿八十五卷　宋陸游撰　六四四　二三三三

○渭南文集五十卷放翁逸稿二卷　宋陸游撰　二一四　八〇一

總目、簡目無「放翁」字。

放翁詩選前集十卷後集八卷附别集一卷　宋羅椅劉辰翁選　一三　一八五

紀繕進簡目作「元羅椅等編」。

金陵百詠一卷 宋曾極撰 一 一 二八

頤庵居士集二卷 宋劉應時撰 一 一 二七

水心集二十九卷 宋葉適撰 三 二〇 九五三

第八架一層

●南湖集十卷 宋張鎡撰 一 五 二五八

●南澗甲乙稿二十二卷 宋韓元吉撰 二 八 七四六

●自鳴集六卷 宋章甫撰 一 一 九三

●客亭類稿十四卷 宋楊冠卿撰 一 六 二三一

總目、簡目作「十五卷」。總目提要云：「仿原編名目釐爲十四卷，而仍以書啓一卷附之。」閣書提要則云「將書啓刪去」。

總目別集類十四

石屏詩集六卷 宋戴復古撰 一 四 二二三

總目、簡目無「詩」字，杭刻簡目作「十卷」。

●**蓮峰集十卷**　宋史堯弼撰　一　五　二三四

江湖長翁集四十卷　宋陳造撰　四二〇　一〇〇五

總目、簡目作「江湖長翁文集」。

●**燭湖集二十卷附編二卷**　宋孫應時撰　二一〇　五〇三

第八架二層

●**昌谷集二十二卷**　宋曹彦約撰　二一二　五一九

●**省齋集十卷附録二卷**　宋廖行之撰　一　五　二七九

附録二卷，爲原跋、行狀、墓銘等。

南軒集四十四卷　宋張栻撰　二一四　七〇〇

勉齋集四十卷　宋黄榦撰　四二二　九七五

北溪大全集五十卷　宋陳淳撰　二一六　七七〇

總目、簡目有「外集一卷」。

第八架三層

●**山房集八卷山房後稿一卷**　宋周南撰　一　五　二四九

總目、簡目題曰「九卷」。

橘山四六二十卷 宋李廷忠撰　二一二　五五六

竹齋詩集三卷附録一卷 宋裘萬頃撰　一　六九

總目題曰「四卷」。

●後樂集二十卷 宋衛涇撰　二一〇　五八六

華亭百詠一卷 宋許尚撰　一一　一八

梅山續稿十九卷 宋姜特立撰　六　二一八

總目、簡目作「十七卷」。簡目題曰「梅山續集」。

菊磵集附林湖遺稿江邨遺稿疎寮小集共一卷 宋高翥撰　一　六〇

總目、簡目題曰：「信天巢遺稿一卷，附林湖遺稿一卷，江邨遺稿一卷，疎寮小集一卷」。閣書篇葉相連不另卷。

右別集類南宋建炎至淳熙一五五部，三五二六卷，內一卷原闕。一三六五冊，七一一四八葉。

別集類四 南宋紹熙至德祐

總目別集類十五

●**性善堂稿十五卷** 宋度正撰 一 五 二三四

漫塘集三十六卷 宋劉宰撰 四 二〇 一〇一一

總目、簡目題曰「漫塘文集」。

克齋集十七卷 宋陳文蔚撰 一 六 二七九

第八架四層

芳蘭軒集一卷 宋徐照撰 一 一 五一

粵刻聚珍本總目無「集」字。

二薇亭詩集一卷 宋徐璣撰

總目、簡目無「詩」字。

西巖集一卷 宋翁卷撰 一 六七

清范齋詩集一卷 宋趙師秀撰

總目、簡目無「詩」字。

瓜廬詩一卷　宋薛師石撰　一　三一

洛水集三十卷　宋程珌撰　二一〇　五一七

○龍川集三十卷　宋陳亮撰　二　八　五九七

龍洲集十四卷附録二卷　宋劉過撰　三　一二八

總目、簡目題曰「龍川文集」。

鶴山全集一百九卷　宋魏了翁撰　八四八　二二六七

紀繕進簡目無「全」字。

西山文集五十五卷　宋真德秀撰　六三〇　一六六四

第五十一卷原闕。

方泉詩集四卷　宋周文璞撰　二　七一

總目、簡目無「詩」字。

●東山詩選二卷　宋葛紹體撰　一　一　四六

杭刻簡目作「東山詩集」。

第八架五層

白石詩集一卷附詩説一卷　宋姜夔撰　一　五一
野谷詩稿六卷　宋趙汝鐩撰　二　八三
平齋集三十二卷　宋洪咨夔撰　一七　三八二
總目、簡目題曰「平齋文集」。
●蒙齋集二十卷　宋袁甫撰　二一二　四六五
總目、簡目作「十八卷」。
康範詩集一卷附録一卷　宋江晫撰　一　四〇
總目、簡目作「附録三卷」。
清獻集十九卷附録一卷　宋杜範撰　一七　三八九
總目、簡目題曰「二十卷」。

第八架六層

●鶴林集四十卷　宋吴泳撰　三二〇　七六三
●東澗集十四卷　宋許應龍撰　一六　三二一
方是閒居士小稿二卷　宋劉學箕撰　一二　一〇七

紀繕進簡目無「士」字。

翠微南征録十一卷　宋華岳撰　三　一一六

●**浣川集十卷**　宋戴栩撰　一　四　一五七

●**漁墅類稿八卷**　宋陳元晉撰　一　四　一四六

安晚堂詩集存六至十二卷　宋鄭清之撰　二　八一

原集六十卷，自卷五以前卷十三以下均原闕。

●**滄洲塵缶編十四卷**　宋程公許撰　一　六　三二四

四六標準四十卷　宋李劉撰　七三〇　一七二〇

●**篔窗集十卷**　宋陳耆卿撰　一　四　一七二

友林乙稿一卷　宋史彌寧撰　一　一　四一

杭刻粵刻簡目此處有「釋永頤撰雲泉詩集一卷」。紀繕進簡目作「雲棲詩集」。

方壺存稿四卷　宋汪莘撰　二　五一

總目、簡目作「八卷」。

鐵庵集三十五卷　宋方大琮撰　一八　三六六

總目、簡目作「三十七卷」。

壺山四六一卷　不著撰人名氏　一一　六二

默齋遺稿二卷　宋游九言撰　一　四八

默，粵刻聚珍本總目作「點」。

履齋遺集四卷　宋吳潛撰　二　九一

●**臞軒集十六卷**　宋王邁撰　二一〇　四七八

東野農歌集五卷　宋戴昺撰　一一　三八

●**敝帚稿略八卷**　宋包恢撰　四　一九九

清正存稿六卷附録一卷　宋徐鹿卿撰　一五　三〇一

寒松閣集三卷附録一卷　宋詹初撰　一一　四三

滄浪集二卷　宋嚴羽撰　二　七八

第九架二層

●**泠然齋詩集八卷** 宋蘇泂撰 一 四 一八一

總目、簡目無「詩」字。

可齋雜稿三十四卷續稿前八卷續稿後十二卷 宋李曾伯撰 五 二六 一二九三

總目、簡目無「前」字。

後村集五十卷 宋劉克莊撰 四 二四 一〇九〇

杭刻簡目作「六十卷」。

●**澗泉集二十卷** 宋韓淲撰 二 一〇 五八五

第九架三層

矩山存稿五卷附録一卷 宋徐經孫撰 一 二 一一八

附録十五葉，爲本傳。總目、簡目無附録。紀繕進簡目作「徐絓孫撰」。

雪牕文集二卷附録一卷 宋孫夢觀撰 二 一〇四

總目、簡目無「文」字。

總目別集類十七

文溪存稿二十卷 宋李昴英撰 一 四 二九〇

●**庸齋集六卷** 宋趙汝騰撰 一 三 一三三

揚刻粵刻總目庸齋集在文溪存稿前。

●彝齋文編四卷　宋趙孟堅撰　三　一二三

●張氏拙軒集六卷　宋張侃撰　一　三　一三七

玉楮集八卷　宋岳珂撰　二　一一八

●靈巖集八卷　宋唐士恥撰　一　四　一八九

總目、簡目作「十卷」。

●楳埜集十二卷　宋徐元杰撰　一　八　三七六

●恥堂存稿八卷　宋高斯得撰　一　六　二四一

秋崖集四十卷　宋方岳撰　三一　六　九五〇

芸隱橫舟稿一卷芸隱勸游稿一卷　宋施樞撰　一　四三

蒙川遺稿四卷　宋劉黻撰　一　二　九五

紀繕進簡目作「劉黼撰」。

杭刻粵刻簡目此處有「宋鄭震撰菊山清雋集一卷，附其子思肖撰題畫詩一卷，錦錢集一卷，雜文一卷」。

雪磯叢稿五卷　宋樂雷發撰　一　四七

北礀集十卷　宋釋居簡撰　一六　三四三

礀，紀繕進簡目作「澗」。

西塍集一卷　宋宋伯仁撰　一一　二二

梅屋集五卷　宋許棐撰　一　四七

孝詩一卷　宋林同撰　一　七六

第九架四層

●**字溪集十二卷**　宋陽枋撰　二七　四二五

第十二卷爲附録，總目作「十一卷，附録一卷」。

勿齋集二卷　宋楊至質撰　一　五五

巽齋文集二十七卷　宋歐陽守道撰　一七　四五二

雪坡集五十卷　宋姚勉撰　二一四　六九四

總目、簡目作「雪坡文集」。

文山集二十二卷　宋文天祥撰　二一〇　八九二

第二十二卷爲拾遺。總目、簡目作「二十一卷」。

文信公集杜詩四卷　宋文天祥撰　一一　七四

疊山集五卷　宋謝枋得撰　三　一三九

本堂集九十四卷　宋陳著撰　三二〇　一〇一三

卷二十七、卷二十八、卷六十七、卷七十六、卷八十七，原闕。

端平詩雋四卷　宋周弼撰　一　五三

總目、簡目題曰「汶陽端平詩雋」。

竹溪鬳齋十一稿續集三十卷　宋林希逸撰　二一二　六一六

總目、簡目但題曰「鬳齋續集」。

魯齋集二十卷　宋王柏撰　二一〇　五六二

第九架五層

●**潛山集十二卷**　宋釋文珦撰　一四　二一一

粵刻總目此書列孝詩前。

●**須溪集十卷**　宋劉辰翁撰　一八　四五七

總目別集類十八

須溪四景詩集四卷　宋劉辰翁撰　一一四八

杭刻簡目無「集」字。

●葦航漫遊稿四卷　宋胡仲弓撰　二一〇八

蘭皐集二卷　宋吳錫疇撰　一三三

總目、簡目作「三卷」。

雲泉詩一卷　宋薛嵎撰　一一五四

嘉禾百詠一卷　宋張堯同撰　一三二

柳塘外集四卷　宋釋道璨撰　二二七

道璨，紀繕進簡目作「道燦」。

●碧梧玩芳集二十四卷　宋馬廷鸞撰　一八三四四

○四明文獻集五卷　宋王應麟撰　一四一七五

覆瓿集六卷　宋趙必瑑撰　二九二

●閬風集十二卷　宋舒岳祥撰　一五二四二

北遊詩集一卷　宋汪夢斗撰　一　一　三三

總目、簡目無「詩」字。

秋堂集三卷　宋柴望撰　一　一　三七

蛟峰文集八卷外集四卷　宋方逢辰撰　一　五　二五六

第九架六層

●**秋聲集六卷**　宋衛宗武撰　一　四　一八八

牟氏陵陽集二十四卷　宋牟巘撰　一　七　四三一

湖山類稿五卷水雲集一卷水雲集附録一卷　宋汪元量撰　一　二　一二六

總目、簡目無附録。

晞髮集十卷晞髮集附録一卷晞髮遺集二卷遺集補一卷天地間集一卷西臺慟哭記註一卷冬青樹引註一卷　宋謝翺撰　一　二　一九四

總目、簡目無晞髮集附録，冬青樹引無「樹」字。

潛齋文集十一卷附録一卷附鐵牛翁遺稿一卷　宋何夢桂撰　一　八　三二二

附録三葉爲家傳，總目、簡目無附録。

梅巖集十卷　宋胡次焱撰　一　二　一一九

總目、簡目作「梅巖文集」。

四如集四卷附録一卷　宋黄仲元撰　四　一九〇

總目、簡目題曰「五卷」。

霽山集五卷附録一卷　宋林景熙撰　一　二　一四四

附録四葉，爲林義士事跡。總目、簡目作「林霽山集」，無附録。

勿軒集八卷　宋熊禾撰　三　一五三

古梅吟稿六卷　宋吴龍翰撰　一　五七

佩韋齋集十六卷　宋俞德鄰撰　一　六　二四三

總目、簡目作「佩韋齋文集」，粵刻聚珍本總目無卷數。

●**廬山集五卷英溪集一卷**　宋董嗣杲撰　一　三　一二五

西湖百詠二卷　宋董嗣杲撰　二　七三

●則堂集六卷 宋家鉉翁撰 一 四 一七七
富山遺稿十卷 宋方夔撰 三 一五八
山民集一卷 宋真山民撰 一 一 二八
總目、簡目題曰「真山民集」。
●百正集三卷 宋連文鳳撰 一 四八
月洞吟一卷 宋王鎡撰 一 一七
伯牙琴一卷 宋鄧牧撰 一 一 四一
存雅堂遺稿五卷 宋方鳳撰 一 六五
吾汶稿九卷附録一卷 宋王炎午撰 三 一二八
總目、簡目作「十卷」。
在軒集一卷 宋黃公紹撰 一 一 四七
紫巖詩選三卷 宋于石撰 一 六三
九華詩集一卷 宋陳巖撰 一 四五
寧極齋稿一卷附慎獨叟遺稿一卷 宋陳深撰 一 一 四七

第十架一層

●**自堂存稿四卷** 宋陳杰撰 二八四

仁山文集四卷附録一卷 宋金履祥撰 二一〇六

附録四葉，爲金氏譜引文安公纂略。總目、簡目作「六卷」，無附録。

附録

●**心泉學詩稿六卷** 宋蒲壽宬撰 一二七四

宬，紀繕進簡目作「晟」。

右別集類南宋紹熙至德祐連附録一一九部，一四八五卷，內六卷原闕。六一八册，三一三九四葉。

別集類五 金元

拙軒集六卷 金王寂撰 二一〇五

○**滏水集二十卷**　金趙秉文撰　一八　三六〇

簡目題曰「王氏拙軒集」。

○**滹南集四十五卷**　金王若虛撰　二一二　四七〇

總目、簡目題曰「滹南遺老集」。

莊靖集十卷　金李俊民撰　一四　二九六

○**遺山文集四十卷附録一卷**　金元好問撰　三一八　九二〇

總目、簡目無「文」字。

○**湛然居士集十四卷**　元耶律楚材撰　一四　二七〇

藏春集六卷　元劉秉忠撰　一三　一二六

淮陽集附詩餘一卷　元張宏範撰　一　三三

總目、簡目作「淮陽集一卷，附録詩餘一卷」，閣書詩餘不另卷。

○**陵川集三十九卷**　元郝經撰　三一八　九四五

總目、簡目有「附録一卷」。

第十架二層

●**歸田類稿二十二卷**　元張養浩撰　一五三九六

總目、簡目作「二十四卷」。

白雲集三卷　元釋英撰　一一三二

稼村類稿三十卷　元王義山撰　一八四一六

桐江續集三十六卷　元方回撰　三一八九九〇

總目、簡目作「三十七卷」。

野趣有聲畫二卷　元楊公遠撰　一二九三

月屋漫稿一卷　元黃庚撰　一九四

剡源文集三十卷　元戴表元撰　三一六七六〇

總目、杭刻簡目無「文」字。

●**剩語二卷**　元艾性夫撰　一六一

養蒙集十卷　元張伯淳撰　一四一八七

第十架三層

●**牆東類稿二十卷**　元陸文圭撰　二一〇五三八

●**青山集八卷** 元趙文撰　一　四　二一九

桂隱文集五卷詩集四卷 元劉詵撰　一　八　四一九

文集第五卷爲行狀墓銘，總目、簡目作「文集四卷」。

水雲村稿十五卷 元劉壎撰　一　六　三三三

巴西集一卷 元鄧文原撰　一　二　一四七

總目、簡目作「巴西文集」。

屏巖小稿一卷 元張觀光撰　一　九二

玉斗山人集三卷附録一卷 元王奕撰　一　一　六〇

附録三葉，爲贈詩。

谷響集三卷 元釋善住撰　三　一五二

竹素山房詩集三卷 元吾邱衍撰　二　四四

杭刻簡目作「一卷」。

●**紫山大全集二十六卷** 元胡祗遹撰　三一　八　九四二

松鄉集十卷　元任士林撰　一　三　二一二

總目、簡目作「松鄉文集」。

○**松雪齋集十卷外集一卷**　元趙孟頫撰　一　六　三二七

總目、簡目作「外集一卷」。

吳文正集一百卷附録一卷　元吳澄撰　七　二八　一七九○

卷五十一、卷五十二原闕。附録六十葉爲年譜、行狀。總目、簡目無附録，總目有「私録二卷」。文淵閣本分訂四十二册。

第十架四層

金淵集六卷　元仇遠撰　一　三　二二一

山村遺集一卷附録一卷　元仇遠撰　一　一　五七

附録十六葉爲贈詩。

湛淵集一卷附録一卷　元白珽撰　一　一　四○

附録五葉爲墓銘。

右二書總目、簡目無附録。

牧潛集七卷　元釋圓至撰	一	二	九八
●**小亨集六卷**　元楊宏道撰		三	一一五
還山遺稿二卷附録一卷　元楊奂撰 杭刻簡目作「附録二卷」。		二	一〇八
魯齋遺書十一卷　元許衡撰 末三卷爲附録。總目、簡目題曰「八卷，附録二卷」。	一	四	三二三
○**靜修集二十五卷續集三卷**　元劉因撰 總目、簡目作「三十卷」。	一	八	四〇一
●**青崖集五卷**　元魏初撰	一	四	一九〇

第十架五層

●**養吾齋集三十二卷**　元劉將孫撰 紀繕進簡目作「三十三卷」。	二一	六	六一七
存悔齋稿一卷補遺一卷　元龍瑇撰	一	一	六二
●**雙溪醉隱集六卷**　元耶律鑄撰		五	二六八

總目、簡目作「八卷」。杭刻簡目作「雙溪醉飲集」。

●東庵集四卷　元滕安上撰　一二　六九

白雲集四卷　元許謙撰　一二　一四九

●畏齋集六卷　元程端禮撰　一五　一八六

默庵集五卷附録一卷　元安熙撰　一一　七三

附録十五葉，爲行狀、墓誌。

雲峰集十卷　元胡炳文撰　三　一七一

○秋澗集一百卷　元王惲撰　七四〇　二三八六

第十架六層

●牧庵集三十七卷　元姚燧撰　二一〇　七四九

第三十七卷爲附録年譜。總目、簡目題曰「牧庵文集三十六卷」。

雪樓集三十卷　元程鉅夫撰　三一五　八八一

曹文貞公詩集十卷後録一卷　元曹伯啓撰　一二　一二七

總目、簡目無「公」字。

芳谷文集二卷　元徐明善撰　二　一三七

總目、簡目無「文」字。

陳剛中集三卷附録一卷　元陳孚撰　一　二　一一七

附録一卷，爲元史列傳。總目、簡目題曰：「觀光稿一卷，交州稿一卷，玉堂稿一卷，附録一卷。」

●**秋巖詩集二卷**　元陳宜甫撰　一　三七

總目、簡目作「陳秋巖詩集」。

玉井樵唱三卷　元尹廷高撰　一　六七

總目別集類二十

●**蘭軒集十六卷**　元王旭撰　一　八　三一五

揚刻粵刻總目蘭軒集在秋巖詩集後。

清容居士集五十卷　元袁桷撰　四　一六　一三三八

第十一架一層

此山集四卷　元周權撰　一　二　一〇四

霞外詩集十卷　元馬臻撰　四　二二八

中齋集十五卷　元劉岳申撰　一　八　三六六

●**西巖集二十卷**　元張之翰撰　一　八　三一三

蒲室集十五卷　元釋大訢撰　一　五　二二九

弁山小隱吟録二卷　元黄玠撰　一　二　一〇九

續軒渠集十卷附録一卷　元洪希文撰　四　一七〇

定宇集十六卷別集一卷　元陳櫟撰　二一　二　五七二

艮齋詩集十四卷　元侯克中撰　一　三　一三九

粵刻簡目作「侯充中撰」。

知非堂稿六卷　元何中撰　三　一三六

雲林集六卷　元貢奎撰　一　三　一三四

總目、簡目作「十卷，附録一卷」。粵刻總目、簡目作「六卷，附録一卷」。

梅花字字香前集一卷後集一卷　元郭豫亨撰　一　三〇

第十一架　二層

●中庵集二十卷　元劉敏中撰　二　八　三八三

●文忠集六卷　元王結撰　一　三　一一八

總目、簡目題曰「王文忠集」。

靜春堂詩集四卷　元袁易撰　一　五一

總目、簡目無「詩」字。

惟實集八卷附録一卷　元劉鶚撰　一　二　一八七

總目作「四卷，外集一卷」，簡目作「七卷，外集一卷」。

●勤齋集八卷　元蕭𣂏撰　三　一五六

○石田集十五卷　元馬祖常撰　一　八　三六九

●榘庵集十五卷　元同恕撰　一　六　三〇五

○道園學古録五十卷　元虞集撰　五　三〇　一三六三

○道園遺稿六卷　元虞集撰　四　二〇三

總目、杭刻簡目作「十六卷」。

○**仲弘集八卷**　元楊載撰　一　二　一二四

總目、簡目題曰「楊仲宏集」。

范德機詩集七卷　元范梈撰　三　一五八

總目、簡目無「集」字。

○**文安集十四卷**　元揭傒斯撰　一　四　三〇三

傒，總目、簡目作「徯」。

翠寒集一卷　元宋无撰　一　一　六二

檜亭集九卷　元丁復撰　二　一〇六

第十一架三層

●**伊濱集二十四卷**　元王沂撰　一　八　四〇六

○**淵穎集十二卷附録一卷**　元吳萊撰　一　八　四一一

○**文獻集十卷**　元黃溍撰　三一　四　八五五

總目、簡目題曰「黃文獻集」。

○**圭齋集十六卷**　元歐陽元撰　一　六　三九二

○**待制集二十卷附録一卷**　元柳貫撰　三一四　六八八

總目、簡目作「十五卷，附録一卷」。

所安遺集一卷　元陳泰撰　一一　四六

閑居叢稿二十六卷附録一卷　元蒲道源撰　一八　四二三

總目、簡目無附録。

至正集八十一卷附録一卷　元許有壬撰　四一八　一○○四

第十一架

四層

○**圭塘小稿十三卷别集二卷續集一卷附録一卷**　元許有壬撰　一四　三一二

附録爲元史本傳。

○**禮部集二十卷附録一卷**　元吴師道撰　三一○　六○五

總目、杭刻簡目無附録，粤刻總目有之。

●**積齋集五卷**　元程端學撰　二　一○九

燕石集十五卷附録一卷　元宋褧撰　一六　三一六

秋聲集四卷　元黄鎮成撰　一二　六八

○**雁門集四卷**　元薩都拉撰　三　一九五

總目、簡目題曰「三卷，集外詩一卷」。

杏亭摘稿一卷　元洪焱祖撰　一一　二八

杭刻簡目作「十卷」。

○**安雅堂集十三卷**　元陳旅撰　四　三五三

傅與礪詩文集二十卷　元傅若金撰　一六　三六四

●**瓢泉吟稿五卷**　元朱晞顔撰　一二　一〇三

筠軒集十三卷　元唐元撰　四　三二七

俟庵集三十卷　元李存撰　一八　四六〇

滋溪文稿三十卷　元蘇天爵撰　二一四　六七一

第十一架五層

青陽集六卷　元余闕撰　一四　一二五

總目、簡目作「四卷」。

杭刻簡目此處有「元方瀾撰方叔淵遺稿一卷」。

鯨背吟集一卷　舊本題元朱晞顏撰　一一一〇

經濟文集六卷　元李士瞻撰　三一三九

近光集三卷扈從詩一卷　元周伯琦撰　二九〇

純白齋類稿二十卷　元胡助撰　一六二六一

粵刻總目、簡目有「附録二卷」。

圭峰集二卷　元盧琦撰　二一三九

蛻庵集五卷　元張翥撰　一二一七四

五峰集十卷　元李孝光撰　二一八二

總目、簡目作「六卷」。

野處集四卷　元邵亨貞撰　一二八一

夢觀集五卷　元釋大圭撰　一六五

○**金臺集二卷**　元納新撰　一九〇

●**子淵詩集六卷**　元張仲深撰　一三九一

午溪集十卷 元陳鎰撰　二　一二三

粤刻簡目作「陳鑑撰」。

藥房樵唱三卷附録一卷 元吴景奎撰　一二　七六

三卷，總目及粤刻聚珍本總目均作「二卷」。

栲栳山人集三卷 元岑安卿撰　一　六一

總目、簡目作「二卷」，粤刻總目、簡目作「三卷」。

梅花道人遺墨二卷附録一卷 元吴鎮撰　一　三七

總目、簡目無附録。

總目別集類二十一

○玩齋集十卷卷首一卷拾遺一卷 元貢師泰撰　一八　四六九

●羽庭集六卷 元劉仁本撰　一四　二三〇

不繫舟漁集十六卷 元陳高撰　一六　二九九

粤刻總目、簡目作「十五卷，附録一卷」，杭刻簡目作「九卷」。

第十一架六層

居竹軒集四卷 元成廷珪撰　一二　一三九

句曲外史集三卷附録一卷補遺三卷補遺附録一卷

元張雨撰　三　一三二

總目、簡目作「句曲外史集三卷，補遺三卷，集外詩一卷」，無附録。

僑吴集十二卷附録一卷　元鄭元祐撰　一八　三八五

詠物詩一卷　元謝宗可撰　一一　三〇

總目、簡目無附録。

鹿皮子集四卷　元陳樵撰　二　一〇八

林外野言二卷　元郭翼撰　一　四五

傲軒吟稿一卷　元胡天游撰　一一　四三

師山文集八卷　元鄭玉撰　四　一二六

總目，簡目有「遺文五卷，附録一卷」。

友石山人遺稿一卷　元王翰撰　一一　一二三

聞過齋集八卷　元吴海撰　四　二〇二

學言稿六卷 元吳當撰 一二一三四

總目、簡目作「學言詩稿」。

北郭集六卷補遺一卷附述古齋詩集一卷 元許恕撰 一二八四

玉笥集十卷 元張憲撰 一四二〇八

青村遺稿一卷 元金涓撰 一一三八

鶴年詩集三卷 元丁鶴年撰 一二九七

總目、簡目作「丁鶴年集一卷」。

貞素齋集八卷附録一卷北莊遺稿一卷 元舒頔撰 三二五一

一山文集九卷 元李繼本撰 一三二一三

江月松風集十二卷 元錢維善撰 二一一九

維，粵刻總目作「惟」。

龜巢集十七卷 元謝應芳撰 三一四八八九

石初集十卷附録一卷 元周霆震撰 一三一六五

第十二架
一層

杭刻簡目無附録，總目作「十七卷」，亦無附録。

山牕餘稿一卷　元甘復撰　一　五四

梧溪集七卷　元王逢撰　二六五三〇

●**吾吾類稿三卷**　元吴皋撰　一二　八三

樵雲獨唱六卷　元葉顒撰　三一五二

桐山老農集四卷　元魯貞撰　一一　六一

總目、簡目題曰「桐山老農文集」。

静思集十卷　元郭鈺撰　四一九〇

九靈山房集三十卷補編二卷　元戴良撰　三一四七一〇

總目、杭刻簡目無補編。

灤京雜詠一卷　元楊允孚撰　一一　一九

杭刻簡目作「楊允字撰」。

雲陽集十卷附録一卷　元李祁撰　六二七二

附録十七葉，總目、簡目無附録。

南湖集二卷 元貢性之撰 一 二 九〇

粵刻總目、簡目作「七卷」。

佩玉齋類稿十卷 元楊翮撰 二 一五一

玉山璞稿一卷 元顧瑛撰 一 四五

○**清閟閣全集十二卷** 元倪瓚撰 一 八 三八七

總目、簡目無「全」字。

麟原集十二卷麟原後集十二卷附録一卷 元王禮撰 一 八 四〇二

總目、簡目題曰「麟原文集二十四卷」，無附録。

第十二架
二層

來鶴亭集九卷 元吕誠撰 一 二 九九

總目、簡目題曰「來鶴亭詩八卷，補遺一卷」。杭刻簡目作「來鶴亭詩一卷，補遺一卷」。

雲松巢集三卷 元朱希晦撰 一 五一

環谷集八卷 元汪克寬撰 四 一五三

●性情集六卷　元周巽撰　二　八一
花谿集三卷　元沈夢麟撰　一　二　一三五
●樗隱集六卷　元胡行簡撰　二　九六
東山存稿七卷附録一卷　元趙汸撰　一　五　四二三
東維子集三十卷　元楊維楨撰　二一　四　六五三
總目、簡目有「附録一卷」。
○鐵崖古樂府十卷樂府補六卷　元楊維楨撰　一　四　二〇九
崖，紀繕進簡目作「厓」。
○復古詩集六卷　元楊維楨撰　一　四一
○麗則遺音四卷附録一卷　元楊維楨撰　一　七〇
夷白齋稿三十五卷外集一卷　元陳基撰　一　七　四一六
總目、簡目作「外集一卷」。
●庸庵集十四卷　元宋禧撰　一　五　一九九

可閒老人集四卷 元張昱撰　一　四　二三四

杭刻簡目作「二卷」。

石門集七卷 元梁寅撰　一　二　九〇

玉笥集九卷 元鄧雅撰　四　一四三

杭刻簡目作「十卷」。

右別集類金元一七四部，二一五二卷，內二卷原闕。八八八册，四七九八六葉。

別集類六 明洪武至天順

明太祖文集二十卷 明姚士觀沈鈇同校刊　一　八　四三七

總目別集類二十二

○文憲集三十二卷 明宋濂撰　五三二　一八五九

總目、簡目題曰「宋學士全集三十六卷」。

第十二架三層

宋景濂未刻集二卷 明宋濂撰　二　一一二

○誠意伯文集二十卷　明劉基撰　二一六　九七〇

鳳池吟稿十卷　明汪廣洋撰　二四　一三九

陶學士集二十卷　明陶安撰　八　四六九

西隱集十卷附録一卷　明宋訥撰　三四　二三五

王忠文集二十四卷　明王禕撰　一八　八七三

總目、簡目題曰「王忠文公集」。

翠屏集四卷　明張以寧撰　一四　二五三

第十二架四層

說學齋稿四卷　明危素撰　一四　二〇九

雲林集二卷　明危素撰　一　三三

白雲稿七卷　明唐桂芳撰　一五　二五七

總目、簡目作「白雲集」。

林登州集二十三卷　明林弼撰　一八　三八三

總目、簡目無「林」字。

槎翁詩集八卷 明劉崧撰 二 八 七〇四

東皐録三卷 明釋妙聲撰 一 三 一六七

覆瓿集八卷 明朱同撰 四 一五六

第八卷爲附録，總目、簡目作「七卷，附録一卷」。

柘軒集四卷 明凌雲翰撰 一 四 二三二

白雲稿五卷 明朱右撰 一 二 一四七

●**密菴集八卷** 明謝肅撰 四 一九五

清江詩集十卷文集三十卷 明貝瓊撰 二一 四 六五〇

總目、簡目作「文集三十一卷」，其第三十一卷爲歸田稿。

蘇平仲文集十六卷 明蘇伯衡撰 二一 二 六三九

總目、簡目無「文」字。

第十二架五層

胡仲子集十卷 明胡翰撰 一 六 二六二

始豐稿十四卷 明徐一夔撰 一 八 四八九

王常宗集四卷補遺一卷續補遺一卷　明王彝撰　一二一〇七

白石山房逸稿二卷附録一卷　明張孟兼撰　一一五五

總目、簡目無附録。

滄螺集六卷　明孫作撰　一七〇

●臨安集六卷　明錢宰撰　一二九五

尚絅齋集五卷　明童冀撰　三一七二

考古文集二卷　明趙撝謙撰　一二一〇六

劉彦昺集九卷　明劉炳撰　二一〇八

●藍山集六卷　明藍仁撰　一二一一九

●藍澗集六卷　明藍智撰　二一〇一

○大全集十八卷　明高啓撰　二八四九〇

鳧藻集五卷　明高啓撰　三一四六

眉庵集十二卷補遺一卷　明楊基撰　一四三〇八

總目、簡目無補遺。

靜庵集四卷　明張羽撰　二　一一四

總目、簡目作「靜居集」。

北郭集六卷　明徐賁撰　一　二　一五七

鳴盛集四卷　明林鴻撰　四　一六一

白雲樵唱集四卷附録一卷　明王恭撰　一　四　二四六

總目作「二卷」，無附録。簡目作「四卷」，亦無附録。

草澤狂歌五卷　明王恭撰　三　一三五

半軒集十二卷補遺一卷　明王行撰　一　六　三七六

總目、簡目作「十四卷」。

第十二架
六層

西庵集九卷　明孫蕡撰　一　四　二〇三

南村集四卷　明陶宗儀撰　三　一一九

總目、簡目題曰「南村詩集」。

望雲集五卷　明郭奎撰　一　一　七一

蚓竅集十卷　明管時敏撰　二　九三

西郊笑端集二卷　明董紀撰　二　一四五

總目作一卷。

草閣詩集六卷拾遺一卷雜著一卷附筠谷詩一卷　明李曄撰　一　三　一七五

草閣詩集，總目、簡目無「詩」字；　雜著一卷，簡目、粵刻總目、簡目作「文集一卷」；　總目無雜著，亦無文集。曄，紀繕進簡目避康熙諱作「煜」。

●**樗庵類稿二卷**　明鄭潛撰　一　五七

春草齋集十卷附録一卷　明烏斯道撰　一　五　二七七

耕學齋集十二卷　明袁華撰　一　四　一九五

總目、簡目題曰「耕學齋詩集」。

可傳集一卷　明袁華撰　一　四〇

强齋集十卷 明殷奎撰 一五二六八

海桑集十卷 明陳謨撰 一六三六六

畦樂詩集一卷 明梁蘭撰 一一六八

竹齋集三卷續集一卷 明王冕撰 三一八四

總目、簡目有「附録一卷」。

獨醉亭集三卷 明史謹撰 一二一〇四

海叟集四卷 明袁凱撰 二一〇三

簡目及粤刻總目有「集外詩一卷」。

榮進集四卷 明吴伯宗撰 一二一〇七

梁園寓稿九卷 明王翰撰 二一二〇

自怡集一卷附録一卷 明劉璉撰 一三二

總目、簡目無附録。

斗南老人集六卷 明胡奎撰 一六四四三

希澹園集三卷　明虞堪撰　一二　八九

總目、簡目作「希澹園詩」。

●**鶩湖集六卷**　明龔斆撰　三　一二一

簡目作「九卷」。

滎陽外史集一百卷　明鄭真撰　四一八　一二九六

卷一至卷六，卷十四至卷二十，卷三十一，卷三十二，卷四十五，卷五十八，卷五十九，卷六十八至卷八十六，凡三十七卷原闕。總目、簡目題曰「七十卷」，閣書提要題曰「六十三卷」。滎，紀繕進簡目作「榮」。

繼志齋集十二卷附録一卷　明王紳撰　一三　二〇四

全室外集九卷續集一卷　明僧宗泐撰　一三　一三七

揚刻粵刻總目全室外集在滎陽外史集後。

中丞集二卷附録一卷　明練子寧撰　二　七九

總目、簡目題曰練中丞集。

第十三架一層

總目別集類二十三

第十三架
二層

遜志齋集二十四卷附録一卷　明方孝孺撰　三　二二　一三二八

附録五十四葉，總目、簡目無附録。

貞白遺稿十卷附顯忠録二卷　明程通撰　一　三　一六一

静學集一卷　明王叔英撰　一　六八

總目、簡目作「静學文集」。

芻蕘集六卷　明周是修撰　一　四　二六七

巽隱集四卷　明程本立撰　一　二　一四九

易齋集二卷　明劉璟撰　二　九三

杭刻簡目此處有「明黄鉞撰黄給諫遺稿一卷」。

野古集三卷附録一卷　明龔詡撰　一　四　一四五

附録三十五葉，總目、簡目無附録。

峴泉集四卷　明張宇初撰　一　四　二九九

唐愚士詩四卷　明唐之淳撰　二　一三八

總目、簡目作「二卷」，附會稽懷古詩一卷。

右二書，粤刻總目、簡目在繼志齋集前。

文毅集十六卷附録一卷　明解縉撰　一六四九五

附録二十二葉，總目、簡目無附録。

虚舟集五卷　明王偁撰　一三一四九

王舍人詩集五卷附録一卷　明王紱撰　四一八四

泊庵集十六卷　明梁潛撰　一六五〇三

毅齋集八卷　明王洪撰　一四二二〇

總目、簡目作「毅齋詩文集」，有附録一卷。

頤庵文選二卷　明胡儼撰　一二二六六

青城山人集八卷　明王璲撰　四一七六

東里全集九十七卷　明楊士奇撰　六四八二七四五

計文集二十五卷，詩集三卷，續集六十二卷，別集三卷，附録四卷。總目作「九十七卷，別集四卷」。紀繕進簡目作「東里文集」。

第十三架三層

文敏集二十五卷附録一卷　明楊榮撰　二一　四　八二八

附録五十三葉，總目、簡目題曰「楊文敏集」，無附録。

省愆集二卷　明黄淮撰　一　二　九二

忠靖集六卷　明夏原吉撰　　三　一〇四

總目題曰「夏忠靖集」，有附録一卷。

文靖集十卷　明金幼孜撰　二　八　六四七

總目、簡目題曰「金文靖集」。

柳庵文集十三卷後集三十七卷　明王直撰　六四　八　二五四八

總目、簡目無「文」字。

第十三架四層

運甓漫稿七卷　明李昌祺撰　一　五　二一七

梧岡集十卷　明唐文鳳撰　一　六　二七〇

總目、簡目作「八卷」。

古廉文集十二卷　明李時勉撰　一　八　四四二

卷十二爲附録。總目、簡目題曰「古廉集十一卷，附録一卷」。

曹月川集一卷　明曹端撰　二一一五五

敬軒文集二十四卷　明薛瑄撰　一四七二四

總目、簡目題曰「薛文清集」。

兩溪文集二十四卷　明劉球撰　二八六四九

忠肅集十二卷　明于謙撰　二一〇七八七

總目、簡目題曰「于忠肅集十三卷」。

蘭庭集二卷　明謝晉撰　二二一二〇

第十三架五層

古穰集三十卷　明李賢撰　一二六一一

杭刻簡目作「蘭亭集」。

武功集五卷　明徐有貞撰　一五四五九

倪文僖集三十二卷　明倪謙撰　二一四七一九

襄毅文集十五卷 明韓雍撰 一七 四〇二

陳白沙集九卷附録一卷 明陳獻章撰 二一〇 六八四

總目、簡目無「陳」字。

類博稿十卷附録一卷 明岳正撰 一四 二一八

總目、簡目作「附録二卷」。

竹巖集二卷補遺一卷附録一卷 明柯潛撰 二 一〇四

總目、簡目題曰「竹巖詩集一卷，文集一卷，補遺一卷」，無附録。

平橋稿十八卷附録一卷 明鄭文康撰 一八 三一三

總目、簡目無附録。

惠安集十一卷 明彭韶撰 一四 二二一

總目、簡目作「彭惠安集十卷，附録一卷」。

清風亭稿八卷 明童軒撰 三 一四九

總目、簡目作「七卷」。

方洲集三十二卷 明張寧撰 二一二 九五三

卷二十七以下六卷爲讀史録。總目、簡目作「二十六卷，附讀史録四卷」。

重編瓊臺稿二十四卷　明邱濬撰　三一六一〇一九

總目、簡目作「重編瓊臺會稿」。

第十三架六層

謙齋文録四卷　明徐溥撰　一四二九二

椒邱文集三十四卷附録一卷　明何喬新撰　三一六一〇八二

前三卷爲策略，次五卷爲史論，次十二卷爲雜文，次五卷爲詩，次六卷爲碑誄，次三卷爲奏議；附録一卷爲外集。

總目提要作「詩十四卷」，故總目、簡目題曰「四十四卷」，杭刻簡目作「四十卷」。

○石田詩選十卷　明沈周撰　一四三三〇

東園文集十三卷續編一卷　明鄭紀撰　一五二六八

○懷麓堂集一百卷　明李東陽撰　五三〇一九〇二

第十四架一層

青谿漫稿二十四卷 明倪岳撰 二一二 六八八

總目、簡目作「清谿」。

康齋集十二卷 明吴與弼撰 二一〇 四五八

總目、簡目作「康齋文集」。

樓居雜著一卷野航詩稿一卷野航文稿一卷附録一卷 明朱存理撰 一 五九

右别集類明洪武至天順一一七部，一四八二卷，内三十七卷原闕。七四八册，四三八三二葉。

别集類七 明成化至崇禎

總目别集類二十四

一峰文集十四卷 明羅倫撰 一 六 三一九

總目、簡目作「一峰集十卷」。

篁墩文集九十三卷拾遺一卷 明程敏政撰 七五六 二八六五

總目作「篁墩集」，無拾遺。

第十四架
二層

楓山集四卷　明章懋撰　一四　二七七

總目、簡目有「附録一卷」。

定山集十卷附録一卷　明莊㫤撰　一六　四二六

總目、簡目題曰「莊定山集」，無附録。

未軒文集十二卷附録一卷　明黄仲昭撰　一八　四一七

總目、簡目無附録，簡目有補遺二卷。

醫閭集九卷　明賀欽撰　一四　一九二

翠渠摘稿八卷　明周瑛撰　一六　三〇八

第八卷爲補遺。總目、簡目題曰「七卷，補遺一卷」。杭刻簡目作「一卷，補遺一卷」。

○家藏集七十七卷補遺一卷　明吴寬撰　五三四　一五五六

歸田稿八卷　明謝遷撰　一四　二三一

杭刻簡目作「八十卷」。

○震澤集三十六卷 明王鏊撰　三一六　七九七

總目作「三十卷」。

第十四架三層

鬱洲遺稿八卷 明梁儲撰　四　一五七

總目、簡目作「十卷」。

見素文集二十八卷奏議七卷續集十二卷 明林俊撰　四二四　一一一四

奏議，總目作「奏疏」。簡目有「附録二卷」。紀繕進簡目無奏議及續集。

古城集六卷補遺一卷 明張吉撰　一六　三一二

虛齋集五卷 明蔡清撰　一五　三二五

杭刻簡目作「七卷」。

容春堂前集二十卷後集十四卷續集十八卷別集九卷 明邵寶撰　六三二　一五〇六

前集，紀繕進簡目作「全集」。

第十四架四層

圭峰集三十卷 明羅玘撰　二一四　六七九

總目、簡目題曰「羅圭峰文集」。

吳文肅摘稿四卷　明吳儼撰　一四　一五六

總目、簡目題曰「吳文肅公摘稿」。

立齋遺文五卷附録一卷　明鄒智撰　二　一〇六

附録十七葉。總目、簡目無附録。

熊峰集十卷　明石珤撰　一七　三八二

西村集八卷　明史鑑撰　一八　三六二

總目、簡目有「附録一卷」。

胡文敬集三卷　明胡居仁撰　一二　一五三

總目、簡目題曰「胡文敬公集」。

簡肅集十卷　明方良永撰　三　一七五

總目、簡目題曰「方簡肅文集」。

小鳴稿十卷　明秦王朱誠泳撰　一八　三七四

懷星堂集三十卷　明祝允明撰　三一六　八一五

第十四架五層

整庵存稿二十卷　明羅欽順撰　二一〇　五二八

東江家藏集四十二卷附録一卷　明顧清撰　四二二　一一六九

總目、簡目無附録。

○空同集六十六卷附録二卷　明李夢陽撰　四二六　一二二七

總目、簡目無附録。

山齋集二十四卷　明鄭岳撰　一五　二五九

浮湘稿四卷山中集四卷憑几集五卷續集二卷息園存稿十四卷文集九卷緩慟集一卷　明顧璘撰　三一六　八六四

分架圖總名曰「顧華玉集」。浮湘稿，總目、簡目作浮湘集。息園存稿，總目、簡目作「息園存稿詩」。文集九卷，總目、簡目作「文九卷」。

第十四架六層

華泉集十四卷　明邊貢撰　二一〇　四六七

粵刻聚珍本總目作「華泉卷十四卷」。

東田遺稿二卷　明張羽撰　二　一三五

清惠集十二卷　明劉麟撰　一　七　三二三

總目、簡目題曰「劉清惠集」。

沙溪集二十三卷　明孫緒撰　一　六　四四七

○王文成全書三十八卷　明王守仁撰　五三四　二一八五

三十二卷以下爲附録。

雙溪詩集八卷　明杭淮撰　一　二　一二六

總目、簡目無「詩」字。

對山集十卷　明康海撰　五　二八五

第十五架一層

柏齋集十一卷　明何瑭撰　一　八　三四八

竹澗集十二卷附録一卷　明潘希曾撰　一　八　三四七

卷九以下爲奏議。附録二十六葉爲墓誌、本傳。總目題曰「八卷，竹澗奏議四卷」，簡目題曰「十二卷」，均無附録。

○大復集三十八卷附録一卷　明何景明撰　二一四　六九七

附録十八葉，爲墓誌、本傳。總目、簡目無附録。

洹詞十二卷　明崔銑撰　二一二　五九〇

莊渠遺書十六卷　明魏校撰　二一二　五七七

總目、簡目作「十二卷」。

儼山集一百卷續集十卷　明陸深撰　五二八　一四三三

第十五架二層

○迪功集六卷附談藝録一卷　明徐禎卿撰　一　二　一〇〇

禎，紀繕進簡目作「貞」。

太白山人漫稿八卷　明孫一元撰　三　一二一

少谷集二十五卷　明鄭善夫撰　二一二　六四三

總目、簡目題曰「鄭少谷集」。

苑洛集二十二卷　明韓邦奇撰　三一四　七三〇

東洲初稿十四卷　明夏良勝撰　二一二　六五三

總目別集類二十五

升庵集八十一卷　明楊慎撰　六三四　一六〇〇

第十五架
三層

東巖集六卷　明夏尚樸撰　一　一一一

文簡集五十八卷　明孫承恩撰　四二　二　一一九五

總目、簡目題曰「瀼溪草堂稿」。

方齋存稿十卷　明林文俊撰　一　六　三四一

總目、簡目題曰「方齋詩文集」。

考功集十卷附録一卷　明薛蕙撰　一　四　二五〇

附録十五葉，爲行狀、墓誌。總目、簡目無附録。

雲村集十四卷　明許相卿撰　一　六　二九五

總目、簡目題曰「雲村文集」。

小山類稿二十卷　明張岳撰　一　八　四七八

夢澤集十八卷附録五卷　明王廷陳撰　一　八　三五三

附録五卷，爲贈詩家乘之屬。總目、簡目題曰二十三卷

○**甫田集三十六卷**　明文徵明撰　二一　二　五七一

總目、簡目作「三十五卷，附録一卷」。

第十五架四層

泰泉集十卷　明黄佐撰　一四一九〇

西村詩集二卷補遺一卷　明朱樸撰　二八一

樸，紀繕進簡目作「朴」。

天馬山房遺稿八卷　明朱淛撰　一五二三三

杭刻簡目作「遺集」。

○蘇門集八卷　明高叔嗣撰　一四一七八

愚谷集十卷　明李舜臣撰　四一八八

○遵巖集二十五卷　明王慎中撰　三一四一〇八一

陸子餘集八卷　明陸粲撰　一四二三八

念庵文集二十二卷　明羅洪先撰　三一六一〇二〇

總目、簡目無「文」字。

第十五架五層

皇甫司勳集六十卷　明皇甫汸撰　二八七六七

楊忠介集十三卷附録五卷　明楊爵撰　一六三四一

總目、簡目作「附録三卷」。杭刻簡目題曰「楊忠介公文集」。

○**荆川集十二卷** 明唐順之撰 二八六〇一

皇甫少玄集二十六卷 明皇甫涍撰 一八三四七

總目、簡目有「外集十卷」。

瑶石山人稿十六卷 明黎民表撰 一八三八三

民表，紀繕進簡目作「明表」。

南行集四卷東游集二卷北觀集四卷山中集十卷 明邱雲霄撰 一四一九三

閣書提要總名曰「止山集二十卷」，分架圖及函面亦題曰「止山集」。

張莊僖文集五卷 明張永明撰 四一八四

杭刻簡目作「六卷」。

洞麓堂集十卷 明尹臺撰 一八四八四

具茨詩集五卷文集八卷附録一卷遺稿一卷　明王立道撰　一八　四九二

具茨詩集，總目、簡目題曰「具茨集」，有補遺一卷，文集亦有補遺一卷。

青霞集十一卷附録一卷　明沈鍊撰　一五　三四一

附録十九葉，爲年譜、志傳、事跡之屬。總目、簡目題曰「年譜一卷」。

○滄溟集三十卷附録一卷　明李攀龍撰　三一四　七九六

第十五架六層

山海漫談三卷　明任環撰　一一　六〇

總目有「附録二卷」。

忠愍集四卷　明楊繼盛撰　四　一七五

第四卷爲附録。總目題曰「楊忠愍集三卷，附録一卷」。

杭刻簡目作「二卷，附録一卷」。

弇州四部稿一百七十四卷續稿二百七卷　明王世貞撰　二四一八八　九五三〇

總目、簡目題曰「弇州山人四部稿」。

第十六架二層

讀書後八卷 明王世貞撰	一	四	一八四
方麓集十六卷 明王樵撰	二	一二	七〇六
存家詩稿八卷 明楊巍撰		三	一二五
海壑吟稿十一卷 明趙完璧撰	一	五	二三五
伐檀齋集十二卷附録一卷 明張元凱撰	一	四	二三四
附録十一葉，爲贈詩。總目、簡目無附録。			
備忘集八卷附録二卷 明海瑞撰	一	六	四四〇
總目、簡目題曰「十卷」。			
石洞集十八卷 明葉春及撰	二	一二	九三〇

第十六架三層

宗子相集十五卷 明宗臣撰	一	六	四三九
衡廬精舍藏稿三十卷續稿十一卷 明胡直撰	三	二〇	一一〇二
薜荔園詩集四卷 明佘翔撰	一	四	二六二
總目、簡目無「詩」字。杭刻簡目作「徐翔撰」。			

鯤溟詩集四卷　明郭諫臣撰　三　一四二

總目、簡目作「郭鯤溟集」。

亦玉堂稿十卷　明沈鯉撰　一　四　二九八

温恭毅集三十卷　明温純撰　二一二　七〇四

總目、簡目作「温恭毅公集」。

○**震川集三十卷別集十卷**　明歸有光撰　三一八　一一八五

總目、簡目作「震川文集」。

四溟集十卷　明謝榛撰　一　六　二八七

蠛蠓集五卷　明盧柟撰　一　五　二五八

杭刻簡目作「六卷」。

少室山房集一百二十卷　明胡應麟撰　四二八　一七一一

總目、簡目題曰「少室山房類稿」。

第十六架四層

穀城山館詩集二十卷　明于慎行撰　一　八　三七〇

穀，紀繕進簡目作榖。

宗伯集十卷　明孫繼皋撰　二八七八〇

臨皋文集四卷　明楊寅秋撰　一四三二九

淡然軒集八卷　明余繼登撰　一八四一八

涇皋藏稿二十二卷　明顧憲成撰　二一〇四九三

紀繕進簡目　涇皋藏稿後有「明史孟麟撰亦爲堂集四卷」，杭刻簡目無之。

小辨齋偶存八卷附事定録三卷　明顧允成撰　四一九〇

紀繕進簡目無附定録。

高子遺書十二卷附録一卷　明高攀龍撰　二二二八一八

少墟集二十卷　明馮從吾撰　三一二六九六

總目、簡目題曰「馮少墟集二十二卷」，云卷十九至卷二十爲族譜家乘，卷二十一至卷二十二爲關學編。今閣書無族譜家乘，卷十九至卷二十爲關學編。

第十六架
五層

石隱園藏稿八卷　明畢自嚴撰　二八五七五

第十六架六層

仰節堂集十四卷 明曹于汴撰 一六 三五三

願學集八卷 明鄒元標撰 二七 五七九

劉蕺山集十七卷 明劉宗周撰 二八 六五九

學古緒言二十五卷 明婁堅撰 二二二 五六五

檀園集十二卷 明李流芳撰 一四 二二六

忠介燼餘集三卷 明周順昌撰 一一 五四

文忠集十二卷 明范景文撰 一八 三八二

總目、簡目題曰「范文忠集」。

幔亭集十五卷 明徐熥撰 一八 三七二

總目、簡目題曰「幔亭詩集」。幔，紀綫進簡目作「慢」。

白谷集六卷 明孫傳庭撰 一五 四二八

總目、簡目題曰「孫白谷集」。傳庭，紀綫進簡目作「傅庭」。

杭刻簡目此處尚有「孫白谷詩鈔二卷」。

集玉山房稿十卷　明葛昕撰　一　六　二八八

宋布衣集三卷　明宋登春撰　一　二　八八

忠肅集三卷　明盧象昇撰　一　一　一〇八

倪文貞集十七卷續編三卷奏疏十二卷講編四卷詩集二卷　明倪元璐撰　二一　〇　七三二

簡目及粵刻總目、簡目作「詩集四卷」。

凌忠介集六卷　明凌義渠撰　一　四　一七二

申忠愍詩集六卷　明申佳允撰　一　一　七〇

茅簷集八卷　明魏學洢撰　一　四　二三〇

陶庵全集二十二卷　明黄淳耀撰　一　八　四九一

右別集類明成化至崇禎一二一部，二七四五卷，一二九八册，七一〇六三葉。

別集類八 清

第十七架一層 總目別集類二十六

○清聖祖文初集四十卷二集五十卷三集五十卷四集三十六卷 九五八 二七四八

總目題曰「一百七十六卷」。

○清世宗文集三十卷 二一〇 四四七

○樂善堂全集定本三十卷 清乾隆元年以前作二十三年勅編 二一二 六二一

總目、簡目作「樂善堂文集」。

第十七架二層

○清高宗文初集三十卷二集四十四卷三集十六卷餘集二卷 六二六 一三四六

文初集，至乾隆二十八年止；文二集，至乾隆五十年止；文三集，至乾隆六十年止。杭刻簡目祇有文初集，粵刻總目、簡目祇有文初集、二集。文三集以下無「文津閣寶」，無「太上皇帝之寶」，無「避暑山莊」印。每册末鈐「嘉慶尊親之寶」，文淵閣本同，蓋嘉慶初年續入四庫者也。文瀾閣本首葉鈐「嘉慶尊親之寶」，末葉鈐「夙聞詩禮懔心傳」。

○清高宗詩初集四十四卷目録四卷二集九十卷目録十卷三集一百卷目録十二卷四集一百卷目録十二卷五集一百卷目録十二卷餘集二十卷目録三卷

五五二八九　一五三八七

詩初集，至乾隆十二年止；詩二集至乾隆二十四年止；詩三集至乾隆三十六年止；詩四集至乾隆四十八年止；詩五集至乾隆六十年止。杭刻簡目祇有詩初集至三集，粵刻總目、簡目祇有詩初集至四集。詩五集以下無「文津閣寶」，而有「嘉慶尊親之寶」，與文三集同。粵刻杭刻簡目均作二集九十四卷目録六卷。文淵閣本二百九十二册。

第十八架一層

梅村集四十卷 清吴偉業撰 二一六 八六八

湯子遺書十卷 清湯斌撰 一六 四〇一

簡目有「附録一卷」。

兼濟堂文集二十卷 清魏裔介撰 二一四 七一二

學餘堂文集二十八卷詩集五十卷外集二卷 清施閏章撰 三二二 一六八五

范忠貞集十卷 清范承謨撰 一六 三三二

總目、簡目無「范」字。

林蕙堂全集二十六卷 清吴綺撰 三一八 一〇八七

總目、簡目無「全」字。蕙，紀繕進簡目作「惠」。

第十八架二層

精華録十卷 清王士禎撰 一八 三九〇

堯峰文鈔五十卷 清汪琬撰 三一六 一〇四二

午亭文編五十卷 清陳廷敬撰 三二二 一四五五

讀書齋偶存稿四卷 清葉方藹撰 二四 一七〇

松桂堂全集四十三卷 清彭孫遹撰 一〇 七六八

卷三十八至卷四十爲延露詞卷，四十一至卷四十三爲南淮集。總目、簡目題曰「三十七卷，延露詞三卷，南淮集三卷」。

曝書亭集八十卷附録一卷 清朱彝尊撰 四二六 一七七五

第十八架三層

于清端政書八卷 清于成龍撰 一六 四七六

總目但題曰「政書」

愚庵小集十五卷 清朱鶴齡撰 二八 三九〇

粤刻聚珍本總目作「十卷」。

抱犢山房集六卷 清嵇永仁撰 二 一四三

文端集四十六卷 清張英撰 二一四 九二二

西河集一百九十卷 清毛奇齡撰 九七〇 三三四〇

計文一百三十卷，詩五十三卷，詞七卷。總目作文一百十九卷，題曰「西河文集一百七十九卷」。杭刻簡目作「一百八十九卷」。

第十八架四層

陳檢討四六二十卷 清陳維崧撰程師恭注 二一〇 五二七

蓮洋詩鈔十卷 清吴雯撰 四 二一一

杭刻簡目此處有「清釋光璟撰完玉堂詩集十卷」。紀繕進簡目無之。

張文貞集十二卷 清張玉書撰 二一二 五八一

西陂類稿三十九卷 清宋犖撰 二一二 一〇四三

鐵廬集三卷卷首一卷外集二卷附録一卷 清潘天成撰 二 四 一五四

附録，總目作「後録」。

湛園集八卷 清姜宸英撰 八 五〇六

杭刻簡目作「十卷」。

第十八架五層

古歡堂集四十九卷 清田雯撰 三 一六 一〇〇三

卷三十八、卷三十九爲黔書，卷四十至卷四十九爲長河志籍考。總目、簡目題曰「古懽堂集三十六卷，附黔書二卷,長河志籍考十卷」。

榕村集四十卷　清李光地撰　三一八　一〇七三

三魚堂文集十二卷外集六卷　清陸隴其撰　二一四　五三八

總目有「附録一卷」,簡目有「附録六卷」。

因園集十三卷　清趙執信撰　一六　二五〇

懷清堂集二十卷　清湯右曾撰　一八　三八四

二希堂文集十一卷卷首一卷　清蔡世遠撰　一六　三五五

總目、簡目題曰「十二卷」。

第十八架六層

敬業堂詩集五十卷　清查慎行撰　五二八　一三〇七

總目、簡目無「詩」字。

望溪集九卷　清方苞撰　一五　二六四

總目、簡目作「八卷」。

存研樓文集十六卷　清儲大文撰　二一四　七一五

紀繕進簡目無「文」字。

香屑集十八卷　清黃之雋撰　一　八　三七四

鹿洲初集二十卷　清藍鼎元撰　二二　二　五九五

樊榭山房集十卷續集十卷　清厲鶚撰　二一　〇　五四八

總目題曰「二十卷」。

第十九架一層

果堂集十二卷　清沈彤撰　三　一七一

果，紀繕進簡目作「杲」。

松泉集詩二十六卷文二十卷　清汪由敦撰乾隆五十四年校上　二一　二　一〇三九

此書杭刻簡目未載。總目、簡目題曰「松泉文集二十卷，詩集二十六卷」。

右別集類清四二部，一九六三卷，八七三冊，四八一四三葉。

總集類

函　冊　葉

總目總集類一

○文選六十卷　梁蕭統編唐李善注　四二　二　二〇五一

文選六十卷　唐呂延濟劉良等五臣合李善注　六　四八　二七九〇

總目、簡目題曰「文選注」。

總目無此書。簡目、揚刻粵刻總目題曰「六臣注文選」。

第十九架二層

●**文選顏鮑謝詩評四卷**　元方回撰　一　二　一二三

○**玉臺新詠十卷**　陳徐陵編　三　一七八

玉臺新詠考異十卷　清紀容舒撰　一　五　二二〇

高氏三宴詩集三卷附香山九老詩一卷　唐高正臣編　一　一七

篋中集一卷　唐元結編　一　一　一〇

河岳英靈集三卷　唐殷璠編　二　八三

國秀集三卷　唐芮挺章編　一　五九

唐御覽詩一卷　唐令狐楚編　一　一　五六

總目無「唐」字。

中興間氣集二卷　唐高仲武編　一　四三

極玄集二卷　唐姚合編　一　二六

松陵集十卷　唐陸龜蒙編　一　四　二二九

二皇甫集七卷　唐皇甫冉皇甫曾撰　二　七〇

唐四僧詩六卷　唐僧靈澈等撰　一　一　三七

薛濤李冶詩集二卷　不著編輯者名氏　一　二九

竇氏聯珠集五卷　唐褚藏言編　一　四五

聯珠，紀繕進簡目作「連珠」。

才調集十卷　蜀韋縠編　一　五　二七三

搜玉小集一卷　不著編輯者名氏　一　二二

古文苑二十一卷　不著編輯者名氏　一　六　三一〇

文苑英華一千卷　宋太平興國七年李昉等編　三七二九二　一五〇一七

文苑英華辨證十卷　宋彭叔夏撰　一　四　一〇四

第十九架五層

○唐文粹一百卷　宋姚鉉編　六四八　二四〇〇

第十九架六層

西崑酬唱集二卷	宋楊億編	一一一	七一

粵刻聚珍本總目作「一卷」。

同文館唱和詩十卷	宋鄧忠臣等撰	二	六九
唐百家詩選二十卷	宋王安石編	一八	三五一
會稽掇英總集二十卷	宋孔延之編	一八	三四〇
清江三孔集三十卷	宋王蓮編	二一五	六八八

計文仲二卷，武仲十七卷，平仲十一卷。總目提要作「平仲二十一卷」，故總目、簡目作四十卷。

三劉家集二卷	宋劉元高編	一	八五

總目、簡目作「一卷」。總目提要作「劉元亨編」。

二程文集十三卷附録二卷	宋胡安國編	一六	三三九
宋文選三十二卷	不著編輯者名氏	二一六	八八八

第二十架一層

坡門酬唱集二十三卷	宋邵浩編	一八	三五二

總目總集類二

○**樂府詩集一百卷** 宋郭茂倩編 四三二 一六四九

歲時雜詠四十六卷 宋蒲積中編 二一四 六〇六

總目、簡目題曰「古今歲時雜詠」。

嚴陵集九卷 宋董棻編 一四 一五七

簡目作「董棻編」。

南嶽酬唱集一卷附録一卷 宋朱熹張栻林用中等撰 一 六二

簡目及粵刻總目作「南嶽倡酬集」。

萬首唐人絶句五言七十五卷七言二十五卷 宋洪邁編 四二四 一五六五

五言卷十七，卷二十三至卷二十五，七言卷十八至卷二十二，共九卷原闕。總目、簡目題曰「萬首唐人絶句詩九十一卷」。原書提要作「九十二卷」，不云五言卷十七闕。

第二十架二層

聲畫集八卷 宋孫紹遠編 一四 二五一

第二十架三層

○**宋文鑑一百五十卷** 宋呂祖謙編 二六八 三〇四一

古文關鍵二卷 宋呂祖謙編 一二 一四六

回文類聚四卷補遺一卷　宋桑世昌編　一　六四
五百家播芳大全文粹一百十卷　宋魏齊賢葉棻同編　三六六　三一二五
崇古文訣三十五卷　宋樓昉編　二一二　五六二

第二十四層架

成都文類五十卷　宋程遇孫等八人編　四二四　一〇九七
文章正宗二十四卷續集二十卷　宋真德秀編　八四〇　二二六四
續集卷二十原闕。總目、簡目作「文章正宗二十卷」。
天台前集三卷前集別編一卷續集三卷續集別編六卷　宋李庚原本林師蔵等增修　一八　三九三
赤城集十八卷　宋林表民編　一八　三二六
妙絶古今四卷　宋湯漢編　一二　一五二
唐僧弘秀集十卷　宋李龏編　三　一二三
衆妙集一卷　宋趙師秀編　一　五〇

第二十五層架

江湖小集九十五卷　宋陳起編　五二八　一三三三

第二十架六層

●**江湖後集二十四卷** 宋陳起編 三一二 五七四

三體唐詩六卷 宋周弼編 三 一二六

此書文津閣本無提要，當係漏訂。

論學繩尺十卷 宋魏天應編林子長注 二一〇 九二三

吳都文粹十卷 宋鄭虎臣編 二一〇 五一五

總目、簡目作「九卷」。

古文集成前集七十八卷 宋王霆震編 四二〇 一〇二九

文章軌範七卷 宋謝枋得編 一三 一三七

月泉吟社詩一卷 宋吳渭編 一 四八

第廿一架一層

文選補遺四十卷 宋陳仁子編 四二六 一二一八

蘇門六君子文粹七十卷 不著編輯者名氏 三二〇 九七五

三國志文類六十卷 不著編輯者名氏 二一四 五三〇

簡目、粵刻總目無「志」字。

增注唐策十卷　不著編輯者名氏　一　五　二三三

詩家鼎臠二卷　不著編輯者名氏　一　一　四九

十先生奥論注前集十五卷後集十五卷續集十卷　不著編輯者名氏　二　二　五〇二

續集卷一至卷五原闕。總目、簡目題曰「十先生奥論四十卷」。

第廿一架二層

兩宋名賢小集三百八十卷　宋陳思編元陳世隆補　一四　七六　四四八六

杭刻簡目作「一百五十七卷」。

柴氏四隱集三卷　宋柴望及從弟隨亨元亨元彪詩文　一　一　六九

第廿一架三層

總目總集類三

〇中州集十卷附中州樂府一卷　金元好問編　二　一〇　七四〇

唐詩鼓吹十卷　金元好問編元郝天挺注　一　五　二七八

二妙集八卷　金段成己段克己兄弟詩　一　三　一三六

杭刻簡目作二卷。

谷音二卷　元杜本編　一　一　三七

河汾諸老詩集八卷 元房祺編 一 六五

瀛奎律髓四十九卷 元方回編 四二〇 九四八

梅花百詠一卷附録一卷 元馮子振與釋明本倡和詩 一 一 六二

天下同文集五十卷 元周南瑞編 五 二二九

卷十七、卷十八、卷三十、卷三十一、卷三十四、卷三十五、卷四十一，共七卷原闕。總目、簡目題曰「四十四卷」，未計卷三十闕也。

古賦辨體十卷 元祝堯編 一 五 二九二

卷九、卷十爲外録。總目、簡目題曰「八卷，外集二卷」。

圭塘欸乃集二卷 元許有壬與子弟倡和詩 二 九六

忠義集七卷 元趙景良編 一 二 八一

第廿一架四層

●**宛陵羣英集十二卷** 元汪澤民張師愚同編 四 二二六

○**元文類七十卷** 元蘇天爵編 六四八 一七〇三

元風雅前集十二卷後集十二卷　前集元傅習輯後集孫存吾輯　一八三一四

總目有「目録三卷」。

唐音十四卷　元楊士宏編　一七四七九

總目題曰「二十四卷」。

古樂府十卷　元左克明編　一五二五〇

玉山名勝集八卷外集一卷　元顧瑛編　一六三三三

總目、簡目作「十二卷」，無外集。粵刻總目、簡目與閣書符。

草堂雅集十四卷　元顧瑛編　二八六〇二

總目、簡目作「十三卷」。

玉山紀游一卷　元顧瑛等撰明袁華編　一一五九

第廿一架五層

大雅集八卷　元賴良編　三一三〇

元音遺響十卷　不著編輯者名氏　一六三〇六

總目總集類四

第廿一架六層

風雅翼十四卷　元劉履編　一　六　四五一

杭刻簡目作十二卷。

荊南倡和詩集一卷　元周砥馬治同撰　一　一　五七

總目、簡目無「詩」字。

乾坤清氣集十四卷　明偶桓編　六　二五七

元音十二卷　明孫原理編　一　六　三五〇

雅頌正音五卷　明劉仔肩編　二　一一三

唐詩品彙九十卷拾遺十卷　明高棅編　五二　六　一九四四

杭刻簡目無「拾遺」。

廣州四先生詩四卷　不著編輯者名氏　一　一　五五

三華集十八卷　明錢公善編　五　二九二

閩中十子詩三十卷　明袁表馬熒同編　二　八　四九九

粵刻聚珍本總目作「袁表馬熒同編」，杭刻簡目作「袁表張燮同編」。

滄海遺珠四卷　明沐晟編　二　七八

舊本不載編輯人姓氏。總目、簡目題曰「沐昂」，閣書題曰「沐晟」，蓋先定爲「晟」後定爲「昂」也。

元詩體要十四卷　明宋緒編　一六　四〇八

中州名賢文表三十卷　明劉昌編　三一八　九二九

○**明文衡一百卷**　明程敏政編　八三四二二三三

卷九十九卷一百爲補闕。總目作「九十八卷」。

第廿二架一層

新安文獻志一百卷　明程敏政編　七四二二七七四

海岱會集十二卷　明石存禮藍田等八人倡和詩　一三　一三五

粵刻杭刻簡目作「石守禮」。

經義模範一卷　不著編輯者名氏　一　四〇

文編六十四卷　明唐順之編　六四六二四二一

第廿二架二層

古詩紀一百五十六卷 明馮惟訥編 七五四 二五六六

杭刻簡目無「古」字。

詩紀匡謬一卷 清馮舒撰 一 三三

全蜀藝文志六十四卷 明周復俊編 四三〇 一六〇八

第廿二架三層

古今詩刪三十四卷 明李攀龍編 二一二 五六四

唐宋元名表二卷 明胡松編 一四 二五二

上下二卷，每卷各分一二。總目、簡目題曰「四卷」。

文氏五家集十四卷 明長洲文氏三世五人詩 一六 三四一

總目、簡目作「文氏五家詩」。杭刻簡目作「十卷」。

宋藝圃集二十二卷 明李蓘編 二一四 六五三

元藝圃集四卷 明李蓘編 一四 一八〇

唐宋八大家文鈔一百六十四卷 明茅坤編 八五四 三三九三

第廿二架四層

吳都文粹續集五十六卷補遺二卷 明錢穀編 五三二 二八九四

卷五十三卷五十四原闕。紀繕進簡目作「五十四卷」。補遺分上下二卷，總目、簡目作「一卷」。

石倉歷代詩選五百六卷　明曹學佺編　二四一七四一一五四一

第廿二架六層

四六法海十二卷　明王志堅編　三一二　九九二

第廿三架一層

古樂苑五十二卷衍録四卷　明梅鼎祚編　四二六　一一五七

皇霸文紀十三卷　明梅鼎祚編　一七　三五八

西漢文紀二十四卷　明梅鼎祚編　四二〇　九七八

東漢文紀三十二卷　明梅鼎祚編　五三〇　一三二四

杭刻簡目作「三十三卷」。

第廿三架二層

西晉文紀二十卷　明梅鼎祚編　四一八　九〇一

宋文紀十八卷　明梅鼎祚編　三一六　七七九

南齊文紀十卷　明梅鼎祚編　一八　四四〇

第廿三架三層

梁文紀十四卷　明梅鼎祚編　二一二　七一四

陳文紀八卷 明梅鼎祚編 一八 二六八

北齊文紀三卷 明梅鼎祚編 一二 一〇六

後周文紀八卷 明梅鼎祚編 六 二七三

隋文紀八卷 明梅鼎祚編 一八 四〇七

釋文紀四十五卷 明梅鼎祚編 六四〇 一六九二

文章辨體彙選七百八十卷 明賀復徵編 三二五四 一二八八六

粵刻杭刻簡目作「賀徵編」。

第廿三架六層

古詩鏡三十六卷唐詩鏡五十四卷 明陸時雍編 六二四 一七八〇

第廿四架一層

○漢魏六朝百三家集一百十八卷 明張溥編 一四九〇 五五六七

第廿四架二層

古今禪藻集二十八卷 明釋正勉性通同編 三一四 七一九

三家宮詞三卷 明毛晉編 一 四七

二家宮詞二卷 明毛晉編 一 四九

總目總集類五

○古文淵鑒六十四卷 清康熙二十四年徐乾學等編注 一〇五四 二九六〇

第廿四架三層　○**歷代賦彙一百四十卷外集二十卷逸句二卷補遺二十二卷**　清康熙四十五年御定　一六一三三　六七四六

第廿五架一層　○**全唐詩九百卷**　清康熙四十六年御定　三三二五四　一三五一八

○**詠物詩選四百八十六卷**　清康熙四十五年御定　九七〇　三八一二

總目、簡目題曰「佩文齋詠物詩選」。杭刻簡目作「四百八十二卷」。

第廿五架二層　○**歷代題畫詩類一百二十卷**　清康熙四十六年御定　六三八　二八九三

總目無「類」字。

○**四朝詩三百十七卷**　清康熙四十八年御定　二九二三二　一三三六〇

計宋詩七十八卷，姓名爵里二卷。金詩二十四卷，卷首一卷，姓名爵里一卷。元詩八十卷，卷首一卷，姓名爵里二卷。明詩一百二十卷，姓名爵里八卷。總目作「三百十二卷」，蓋未計宋金元三朝姓名爵里。簡目作「三百四卷」，蓋四朝姓名爵里均未計。杭刻簡目作「二百九十二卷」。

第廿五架五層

全金詩增補中州集七十二卷卷首二卷　清康熙五十年御定　六四〇　一九二四

總目、簡目題曰「全金詩七十四卷」。

○唐詩三十二卷目録三卷　清康熙五十二年御定　四三二　二〇二五

目録，總目、簡目作「附録」。

千叟宴詩四卷　清康熙六十年敕編　一三　一九〇

此書乾隆五十四年始入四庫，杭刻簡目無此書。

○唐宋文醇五十八卷　清乾隆三年御定　四三〇　一四五六

杭刻簡目作「五十卷」。

第廿五架六層

○唐宋詩醇四十七卷目録二卷　清乾隆十五年御定　四二八　一六五三

○清文穎一百卷卷首二十四卷目録六卷　清乾隆十二年御定　九六八　三二八七

總目、簡目但題曰「一百二十四卷」。

第廿六架一層

四書文四十一卷　清乾隆元年方苞奉敕編　五三二　一四六六

計化治文、正嘉文、隆萬文各六卷，啓禎文九卷，清初文十四卷。

千叟宴詩三十四卷卷首一卷　清乾隆五十五年勅編　四三五　一五二五

總目題曰「三十六卷」，杭刻簡目無此書。

第廿六架二層

明文海四百八十二卷　清黄宗羲編　三三〇八　一一五五八

卷一五八、卷一五九、卷一七〇、卷四八二原闕。文淵閣本二百二册。

第廿六架三層

唐賢三昧集三卷　清王士禎編　一三　一一三

二家詩選二卷　清王士禎删明徐禎卿高叔嗣詩　一　五一

唐人萬首絶句選七卷　清王士禎編　三　一六九

第廿六架四層

○明詩綜一百卷　清朱彝尊編　七五〇　三四二五

○宋詩鈔一百六卷　清吴之振編　七五〇　三五四八

第廿六架五層

宋元詩會一百卷　清陳焯編　七五〇　三〇九三

粤西詩載二十五卷粤西文載七十五卷粤西叢載三十卷　清汪森編　二八二　三八六四

第廿六架六層

○元詩選卷首一卷初集六十八卷二集二十六卷三集十六卷　清顧嗣立編　三八六五四八六

卷首僅二葉。閣書提要題曰「一百十卷」，總目題曰「一百十一卷」。

第廿七架一層

全唐詩録一百卷　清徐倬編　七五四三〇九二

第廿七架二層

甬上耆舊詩三十卷　清胡文學編　三一八一一七三

檇李詩繫四十二卷　清沈季友編　四三〇一九〇三

古文雅正十四卷　清蔡世遠編　二一二五一五

鄱陽五家集十五卷　清史簡編　一八四四五

南宋雜事詩七卷　清厲鶚趙信等同撰　一四二七七

第廿七架三層

宋百家詩存四十卷　清曹廷棟編　七三六一九五三

總目、簡目作「二十八卷」。粤刻總目作「曹庭棟撰」。

右總集類一六五部，九九八七卷，內二十八卷原闕。　四一五三册，二二八九八八葉。

詩文評類

書名	撰者	函	册	葉
總目詩文評類一 ○文心雕龍十卷	梁劉勰撰	一	四	一三〇
文心雕龍輯注十卷	清黃叔琳撰		四	二二七
詩品三卷	梁鍾嶸撰	一	一	二三
文章緣起一卷	舊本題梁任昉撰		一	五二
本事詩一卷	唐孟棨撰		一	二八
此處總目、簡目有「唐司空圖撰詩品一卷」，而閣書無之，分架圖亦無之，惟詩品已見説郛弓七十九下，七葉。				
六一詩話一卷	宋歐陽修撰	一	一	一六
續詩話一卷	宋司馬光撰		一	一三
中山詩話一卷	宋劉攽撰		一	二五

第廿七架
四層

書名	撰者			
後山詩話一卷	舊本題宋陳師道撰	一	一	二〇
臨漢隱居詩話一卷	宋魏泰撰		一	一三
優古堂詩話一卷	宋吳幵撰		一	五八
詩話總龜前集四十八卷後集五十卷	宋阮閱撰	四	二四	一〇六七
彥周詩話一卷	宋許顗撰	一	一	三九
紫微詩話一卷	宋呂本中撰		一	二四
四六話二卷	宋王銍撰		一	三四
珊瑚鉤詩話三卷	宋張表臣撰	一	一	四四
杭刻簡目作「二卷」。				
石林詩話一卷	宋葉夢得撰		一	四九
●**藏海詩話一卷**	宋吳可撰		一	二二
風月堂詩話二卷	宋朱弁撰	一	一	三四
●**歲寒堂詩話二卷**	宋張戒撰		一	四一

庚溪詩話二卷　宋陳巖肖撰　一　四八

韻語陽秋二十卷　宋葛立方撰　一　六　二七三

䂬溪詩話十卷　宋黃徹撰　二　八〇

粵刻聚珍本總目作「碧溪」。

唐詩紀事八十一卷　宋計有功撰　六　二六　一四九一

第廿七架
五層

觀林詩話一卷　宋吳聿撰　一　一　三一

四六談麈一卷　宋謝伋撰　一　一四

●**環溪詩話一卷**　不著撰人名氏　一　三五

漁隱叢話前集六十卷後集四十卷　宋胡仔撰　三　二二　一二〇八

總目、簡目題曰「苕溪漁隱叢話」。

竹坡詩話三卷　宋周紫芝撰　一　一　三三

總目、簡目作「一卷」。

文則二卷　宋陳騤撰　一　五一

二老堂詩話一卷　宋周必大撰　一　二八

楊誠齋詩話一卷　宋楊萬里撰　一一　四〇

總目、簡目無「楊」字。

●餘師録四卷　宋王正德撰　二　一一九

滄浪詩話一卷　宋嚴羽撰　一　三二

詩人玉屑二十卷　宋魏慶之編　二一〇　五二一

後村詩話十四卷　宋劉克莊撰　一五　三〇三

總目、簡目題曰「前集二卷，後集二卷，續集四卷，新集六卷」。

第廿七架六層

娛書堂詩話一卷　宋趙與虤撰　一一　四四

林下偶談四卷　宋吴子良撰　一　六六

總目、簡目題曰「荊溪林下偶談」。

草堂詩話二卷　宋蔡夢弼撰　一　五九

總目詩文評類二

竹莊詩話二十四卷　宋何谿汶撰　一 八 四九九

●文章精義一卷　宋李耆卿撰　一 一 一八

●浩然齋雅談三卷　宋周密撰　一 七二

對牀夜話五卷　宋范晞文撰　一 六五

總目作「對牀夜語」。

詩林廣記前集十卷後集十卷　宋蔡正孫撰　一 八 四七〇

●文說一卷　元陳繹曾撰　一 一 二一

修辭鑑衡二卷　元王構編　一 六七

金石例十卷　元潘昂霄撰　二 一五四

●作義要訣一卷　元倪士毅撰　一 一 一二

墓銘舉例四卷　明王行撰　二 一〇四

懷麓堂詩話一卷　明李東陽撰　一 四六

頤山詩話二卷　明安磐撰　一 一 二七

詩話補遺三卷	明楊慎撰	二	七〇
藝圃擷餘一卷	明王世懋撰	一	一八
唐音癸籤三十三卷	明胡震亨撰	一八	四〇一
歷代詩話八十卷	清吴景旭撰	六三六	一五七四
金石要例一卷	清黄宗羲撰	一　一	二三
漁洋詩話三卷	清王士禎撰	三	一三六

第廿八架一層

師友詩傳録一卷續録一卷	清郎廷槐編劉大勤續		
聲調譜一卷	清趙執信撰	一	四六
談龍録一卷	清趙執信撰		
宋詩紀事一百卷	清厲鶚撰	九六四	三一五五
全閩詩話十二卷	清鄭方坤編	二一二	八四七

第廿八架二層

五代詩話十卷	清鄭方坤撰	二　八	五三九

右詩文評類六三部，七三二卷，二九八册，一四七九九葉。

詞曲類

總目詞曲類一

書名	撰者	函	冊	葉
珠玉詞一卷	宋晏殊撰	一	一	八一
六一詞一卷	宋歐陽修撰			
樂章集一卷	宋柳永撰		一	六八
安陸集一卷	宋張先撰		一	四二
粵刻總目、簡目別出附録一卷，閣書附録不另卷。				
東坡詞一卷	宋蘇軾撰	一	一	九四
山谷詞一卷	宋黄庭堅撰		一	五六
淮海詞一卷	宋秦觀撰		一	三〇
書舟詞一卷	宋程垓撰	一	一	四五
小山詞一卷	宋晏幾道撰		一	六七

晁无咎詞六卷　宋晁補之撰　一五四

姑溪詞一卷　宋李之儀撰　一一四五

溪堂詞一卷　宋謝逸撰

東堂詞一卷　宋毛滂撰　一五七

片玉詞二卷補遺一卷　宋周邦彦撰　一七一

初寮詞一卷　宋王安中撰　一一六〇

中，紀縉進簡目作「仲」。

聖求詞一卷　宋吕濱老撰

友古詞一卷　宋蔡伸撰　一四九

和清真詞一卷　宋方千里撰　一三三

石林詞一卷　宋葉夢得撰　一一五六

丹陽詞一卷　宋葛勝仲撰

筠谿樂府一卷附筠谿家傳　宋李彌遜撰　一三八

坦庵詞一卷　宋趙師使撰　一四六

酒邊詞二卷　宋向子諲撰　一一五一

無住詞一卷　宋陳與義撰　一一九

漱玉詞一卷　宋李清照撰

竹坡詞三卷　宋周紫芝撰　一四七

蘆川詞一卷　宋張元幹撰　一一五七

東浦詞一卷　宋韓玉撰　一四一

孏窟詞一卷　宋侯寘撰

孏，紀繕進簡目作「孄」。

逃禪詞一卷　宋楊无咎撰　一五三

于湖詞三卷　宋張孝祥撰　一一五八

海野詞一卷　宋曾覿撰　一五五

第廿八架三層

審齋詞一卷　宋王千秋撰

介庵詞一卷　宋趙彥端撰　一　四五

歸愚詞一卷　宋葛立方撰　一一　四七

粵刻聚珍本總目作「葛方立撰」。

克齋詞一卷　宋沈端節撰

龍川詞一卷龍川詞補一卷　宋陳亮撰

龍川詞補，總目、簡目題曰「補遺」。

稼軒詞四卷　宋辛棄疾撰　四　一七八

西樵語業一卷　宋楊炎正撰　一一　三三

樵隱詞一卷　宋毛幵撰

杭刻簡目，樵隱詞下誤置知稼翁詞提要，因此樵隱詞有目而無提要，知稼翁詞有提要而無目。

放翁詞一卷　宋陸游撰　一　四〇

知稼翁詞一卷　宋黄公度撰　一　二三

蒲江詞一卷　宋盧祖皋撰

總目詞曲類二

斷腸詞一卷　宋朱淑真撰
外刻總目、簡目詞曲類次第多與閣書不同，特誌於此。

天籟集二卷　金白樸撰　一　一　五七

蛻巖詞二卷　元張翥撰　一　一　四九

珂雪詞二卷　清曹貞吉撰　二　八七

右詞曲類詞集之屬五九部，一〇三卷，五七册，二六〇九葉。

花間集十卷　後蜀趙崇祚編　一　三　一〇五

尊前集二卷　不著編輯者名氏　一　五八

梅苑十卷　宋黄大輿編　三　一三二

樂府雅詞三卷拾遺二卷　宋曾慥編　一　四　二六九
總目題曰「五卷」，粤刻總目、簡目作「三卷，補遺一卷」。

花庵詞選二十卷　宋黄昇編　一　八　四三八

草堂詩餘四卷　不著編輯者名氏　一　四　一六六

總目、簡目題曰「類編草堂詩餘」。

絶妙好詞箋七卷　宋周密編清查爲仁厲鶚箋　一　四　一九六

樂府補題一卷　不著編輯者名氏　一　一　二〇

第廿八架四層

花草稡編二十四卷　明陳耀文編　四　二二　一一一五

總目作「十二卷」，粤刻總目作「二十二卷，附録一卷」，粤刻簡目作「二十四卷，附録一卷」。

○**歷代詩餘一百二十卷**　清康熙四十六年御定　一四　八六　三三四四

第廿八架五層

○**詞綜三十卷**　清朱彝尊編　二　一四　六六七

總目作「三十四卷」。

十五家詞三十七卷　清孫默編　三　一四　九五七

内王士禄炊聞詞二卷，總目提要作「三卷」，杭刻簡目題曰「十六家詞，三十九卷」，蓋多龔鼎孳一家二卷。文淵閣本十三册。

右詞曲類詞選之屬一二部，二七〇卷，一六四册，七四六七葉。

第廿八架 六層

碧雞漫志一卷 宋王灼撰 一一五一

樂府指迷一卷 宋沈義父撰

總目、簡目題曰「沈氏樂府指迷」。

渚山堂詞話三卷 明陳霆撰 一一三六

杭刻簡目此處有「清彭孫遹撰詞藻四卷」。

西河詞話二卷 清毛奇齡撰 一一三七

總目無「西河」字。

詞苑叢談十二卷 清徐釚撰 一六三五九

右詞曲類詞話之屬五部，一九卷，九册，四八三葉。

○詞譜四十卷 清康熙五十四年御定 五二二一三六一

詞律二十卷 清萬樹撰 三一二六五六

右詞曲類詞譜詞韻之屬二部，六〇卷，三四册，二〇一七葉。

顧曲雜言一卷　明沈德符撰　一　二三

符，紀繕進簡目作「苻」。

曲譜十二卷卷首一卷卷末一卷　清康熙五十四年御定　二　八　四六四

總目、簡目題曰「十四卷」。

中原音韻二卷　元周德清撰　二　一　一一

右詞曲類南北曲之屬三部，一七卷，一一册，五九七葉。

〔作於上世紀二十年代初全面檢查文津閣四庫全書之後。據原稿。〕